*La mujer que besó a Virgilio
y otros viajes literarios*

ENSAYO|Berenice

MARÍA JOSÉ SOLANO

La mujer que besó a Virgilio
y otros viajes literarios

© María José Solano, 2024
© Editorial Almuzara, s.l., 2024

www.editorialberenice.com

Primera edición: mayo de 2024

Colección Ensayo

Director editorial de Berenice: Javier Ortega

Maquetación: Fernando de Miguel

Editorial Almuzara
Parque Logístico de Córdoba. Ctra. Palma del Río, km 4
C/8, Nave L2, n° 3. 14005, Córdoba

Impresión: Gráficas La Paz

ISBN: 978-84-11318-19-8
Depósito Legal: CO-368-2024

Reservados todos los derechos. «No está permitida la reproducción total o parcial de este libro, ni su tratamiento informático, ni la transmisión de ninguna forma o por cualquier medio, ya sea mecánico, electrónico, por fotocopia, por registro u otros métodos, sin el permiso previo y por escrito de los titulares del *copyright*».

Cualquier forma de reproducción, distribución, comunicación pública o transformación de esta obra solo puede ser realizada con la autorización de sus titulares, salvo excepción prevista por la ley. Diríjase a cedro (Centro Español de Derechos Reprográficos, www.cedro.org) si necesita fotocopiar o escanear algún fragmento de esta obra.

Impreso en España/*Printed in Spain*

A Virgilio, que me enseñó el camino de ida.
A Ulises, que me abandonó en el camino de vuelta.

Índice

Prólogo. Al cabo de la calle, *por José Luis Garci* 11
1. Nápoles: La mujer que besó a Virgilio 17
2. Roma: *Amore amaro* en Via Margutta 23
3. Palermo: La biblioteca de *El gatopardo* 29
4. Sicilia divina: Tyndaris, Messina y Ortiggia 37
5. Sicilia monstruosa: Lago Pergusa, volcán Etna, *nera* Catania 43
6. Baia: una Atlántida en Nápoles 49
7. Fantasmas de Roma. Cuatro paseos 55
    El mal de Stendhal 55
    El filósofo en zapatillas 57
    Suave es la noche 60
    En conversación con los difuntos 62
8. El último Schotis en Madrid 63
9. París: un diamante como el Ritz 73
10. Burgos: Una isla de mujeres 83
11. Las piedras de Dios (I) 89
12. Las piedras de Dios (II) 97
13. Las piedras de Dios (III) 105
14. Las piedras de Dios (IV) 111
15. Las últimas piedras de Dios (y V) 117
16. En flagrante *delitro*: Lisboa en Pessoa 127
17. Goldcity, viaje literario a Miami 135
18. Invierno en Nueva York 145
19. La Costa Azul: Suave es la noche 155
20. Londres: La mujer que venció a Sherlock Holmes 167
21. Buenos Aires: Somos inmortales 175
22. Nápoles: Una cerveza en el Averno 181
23. Copenhague: Sirenas y Panzer 187
24. El problema final: Un Londres de novela 193

Prólogo.
Al cabo de la calle

Ciento treinta folios. Los he leído en dos etapas. Primero, de un tirón hasta detenerme ante el «portal de Belén», la «casa del pan», en hebreo; luego, a lo largo de toda una tarde fría de enero, hasta casi el anochecer. Justo cuando el cielo se vuelve entre azul y buenas noches. Al final, él apura la birra Peroni y ella paladea su última semilla de granada.

¿Y?

Pues al regreso del salón, mientras deshacía las maletas, pensé que María José es, desde luego, una gran escritora viajera, también una viajera que escribe muy bien, pero, sobre todo, una mujer que no deja de peregrinar alrededor de sí misma, de trasladarse, de la mañana a la madrugada, desde su corazón hasta su inteligencia, y desde su intuición nada menos que a sus deseos más ocultos. Mi amiga es una pasajera con billete de ida y vuelta —adivino que pronto lo será solo de ida—, una *globe-trotter* siempre dispuesta a ver llover sola en el Gran Canal, ese que tiene forma de ese, o pillar un taxi junto al Retiro y largarse hasta Milford, un pub que te permite no llegar a casa antes de tiempo.

Me encanta que esta Ulises femenina, a la que, seguro, le sienten muy bien las clámides troyanas, camine a todas horas rodeada de mitologías, las de Alejandro y Cavafis, o las de Sam Spade y Tamara de Lempicka; a esta chica tan *nouvelle vague* como la Anna Karina de *Bande á part,* le chifla visitar las librerías de viejo, tanto las de los buquinistas del Sena, como las de los buhoneros de Moyano, cuyas casetas bajan hasta los muelles de Atocha.

A María José una de las cosas que más le pone es leer en los trenes. Para ella, todos los trenes son tren correo. El que más, el Orient Express. Allí, en sus compartimentos hitchcockianos, *Jo,* como la de *Mujercitas,* a veces levanta la vista y deja de leer entre líneas su... pensamiento. Y se pone a escribir, así, de pronto, como cuando te enamoras sin saberlo. Os prometo que la morocha, que diría Borges, atesora una prosa limpia, ligera, precisa y alegre. Sus renglones siempre luchan, con éxito, por vencer la ley de la gravedad. Le jode lo solemne, como a tantos de sus colegas sevillanos, desde Bécquer a don Manuel Machado.

La Solano viaja tanto porque, ya desde niña, quiso saber más de ella. Es muy generosa con los adjetivos desde que sale el sol, y todavía más con la oscuridad, cuando aparecen las estrellas, las mismas que guiaban las naves de los aqueos por las aguas vino tinto del Mare Nostrum. Leyéndola, jurarías que le divierte abandonarse en las ciudades, que no es lo mismo que perderse. Al viajar tanto, todo se le junta y le es difícil abrazar una a una las calles, los bares, los museos, los cines, las tiendas, los kioscos, los hoteles..., y de ahí que siempre esté regresando. Ama de verdad lo de antes, que no quiere decir entonces, sino la Antigüedad, ese aroma que traen los recuerdos.

Otra cosa. Mi compañera de radios y copas suele viajar de puntillas, despacio y en silencio, para que nadie escuche su felicidad ante el ajetreo del tráfico. Aunque no lo parece, sus viajes son privados, tan íntimos como los de Somerset Maugham o Pla. Me la imagino avanzando, tan sensual como aquellas chicas que pintaba Ramón Casas o Romero de Torres, por el Boul'Mich, sentada en una terraza de la Piazza Navona, incluso taconeando por su amada calle Sierpes, con aquel misterioso gesto de Alida Valli —¿os acordáis?— en los cafés de Viena mientras fuera caían las hojas en el otoño del Prater.

M.J. Solano —columnista cultural *first class*—, en cambio nos hace creer en la vida desde sus párrafos recién lavados y tendidos al sol sobre las cuerdas bien sujetas con las pinzas de madera. Igual que en los callejones de la Nápoles millonaria y los del Distrito Quinto de Barcelona. María José, insisto, nos lleva a pensar (en sus complementos directos) que anda de paso y por eso busca las penumbras en las que nace la magia; y algo de verdad hay en ello. Porque sus trayectos, vistos desde la otra acera, tienen la complicidad de los espejos, de aquella cámara negra más que oscura a la que tanto partido le sacaban los pintores barrocos. En sus caminatas literarias, ay, lo que enamoran, vislumbras una mujer tan fascinante y secreta como Michèle Morgan en *Pasaje a Marsella*, con aquella boina que tanto le alegraba a Jean Gabin, o como la acomodadora de Hopper de su *New York Movie*, mi cuadro preferido del nuevo Vermeer.

Me consta al leerla que no ha dado un paso perdido en sus miles de caminatas, y que tampoco ninguna calle se le ha hecho cuesta arriba.

Sin embargo, hay algo de desengaño, no de melancolía, en estas páginas de su nuevo libro. Es, ¿cómo diría?, un desengaño andaluz, un pellizco repentino, tan parecido al resplandor de las piedras doradas de Salamanca, algo así como sentarte a beber manzanilla con Omar Khayyam en cualquiera de sus mil y unas noches.

Ah, cambiaría la segunda parte del título. En lugar de «Y otros viajes», pondría «Y otros besos». Porque todas las palabras de este precioso volumen son emocionantes caricias, besos de alta precisión y abrazos de los que no olvidas en días.

Estación Termini. Es decir, que termino. Creo que para viajar hay que tener temple, como los toreros; también para dirigir orquestas y películas. Temple lo tiene a María José, con las dos manos, y, además, embrujo. Al tiempo no se le notan los años, decía mi hermano mayor Manolo Alcántara (mayor en todo). A mi amiga sevillana tampoco se le notan los viajes. Hoy hace tiempo que sus escapadas se han unido a su vida y es difícil separarlas de ella. Qué envidia, querida Solano, haber viajado al centro de la Tierra y al fondo del mar, a ninguna parte y a todas; a la Atlántida y los mundos perdidos; viajes fantásticos con Simbad y los argonautas; viajes con Gulliver y, los que más envidia provocan, los viajes de Sullivan, aquel director de Hollywood que se disfrazaba de vagabundo dispuesto a conocer la verdad del mundo.

En fin, que es un placer leer hoy a esta mujer tan moderna y lista como lo fueron Susan Sontag, Oriana Fallaci o Joan Didion; gracias a ella, me ha llegado la hora de viajar sin salir de casa, que ese es otro viaje que se las trae.

JOSÉ LUIS GARCI
1 de marzo, ¡2024!

Edward Hopper. *New York Movie*. 1939.
The Museum of Modern Art

1

Nápoles:
La mujer que besó a Virgilio

La Grecia clásica fue aquel lejano momento, más que lugar, en que los hombres convertidos en dioses hollaban el polvo, interrogaban a las estrellas, construían templos y surcaban el mar; comprendían que eran ellos el centro del universo. Por el contrario, Roma, que tantas victorias alcanzó para sí misma y para la memoria de la humanidad, no consiguió estar a la altura de su predecesora y tan solo pudo lograr que, desde su panteón, los dioses desearan ser solo hombres.

En esta lucha de contrarios complementarios, se forjó la historia de la vieja Europa construida sobre la sangre de los campos de batalla, el semen de los tálamos, las libaciones de los altares y el canto de los aedos. Estos últimos lograron fijar la memoria volátil del hombre en unos textos que todavía hoy resisten, capaces de explicar quiénes somos, aunque por desgracia cada vez menos leídos, menos comprendidos, menos recordados: la *Ilíada*, la *Odisea*, la *Eneida*, las *Argonáuticas*. Su musicalidad resulta extraña ya a los oídos de los hombres modernos, pero algunos todavía seguimos invocando sus palabras como oraciones paganas y encontramos en los nombres de sus héroes

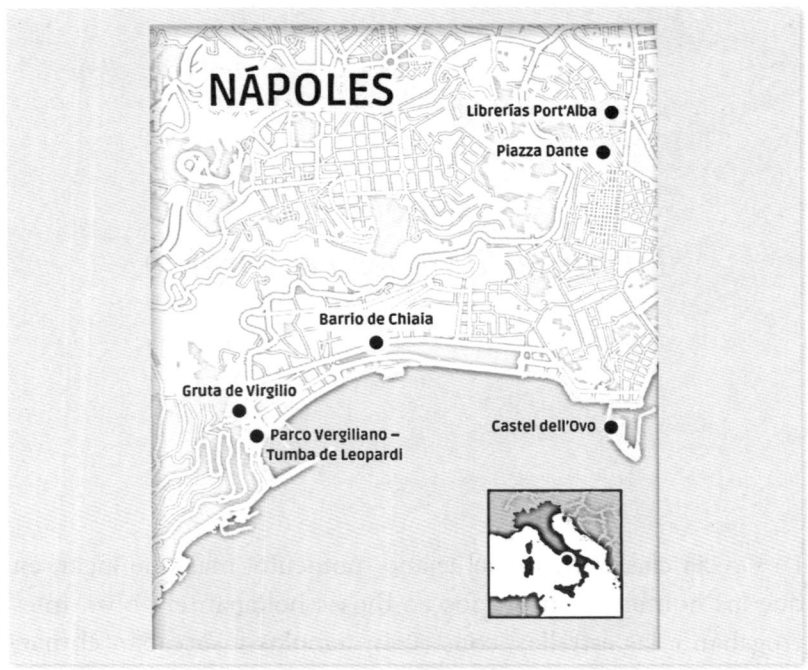

tramposos el reflejo de otros héroes que hoy, como entonces, se atreven a desafiar a los dioses con sus engaños y su valentía. Desde los libros sibilinos de Tarquinio el Soberbio hasta la biblioteca de Alejandría o la de Sarajevo, la memoria del hombre está condenada a rehacerse continuamente, y en ese trabajo de vivir y, antes de morir, contar, la necesidad de un guía se hace indispensable.

Y el guía por antonomasia de la memoria de Europa es, sin lugar a duda, Virgilio. Tal vez porque Dante en la Edad Media, una de las épocas más oscuras de la historia por convulsa y fragmentada en ideologías y territorios, tuvo la lucidez de recuperar al insigne romano para que lo acompañase por el infierno de sus deseos más turbios, sin saber que, resucitando al poeta muerto, estaba él mismo guiando a la humanidad a otro renacimiento: el de todo lo romano y lo griego. En su amada Italia primero, en el resto de Occidente después.

Nueve siglos más tarde, las estatuas de Dante levantadas en todas las plazas de las ciudades de medio mundo observan silenciosas el trajín del hombre moderno desembarcando en hordas desorientadas que miran o fotografían sin entender sus ropajes ni identificar sus laureles; sin ni siquiera leer el título del libro que porta en sus manos.

Los nudos del rico tapiz que fuera Occidente se están deshaciendo como los de un tejido ajado por el tiempo y el abandono. Pienso en esto bajo el sol de verano en la Piazza Dante de Nápoles, una ciudad a la que siempre regreso como el que vuelve a la patria de la felicidad y el consuelo, porque en ella más que en ninguna otra se conservan todavía los fragmentos de ese hilo de nuestra memoria. Miro a Dante sublimado en mármol custodiando las librerías de Port'Alba y no comprendo la prisa del turista, pues todo está aquí: Giotto, Rafael, Botticelli, Doré, Rossetti, Dalí, Miguel Ángel, T. S. Eliot, William Blake, Rossini, Schumann, Auguste Rodin, Baudelaire y Borges. Todos ellos y muchos más son la herencia que nos legó el escritor florentino. Pero supongo que la ceguera es debida, fundamentalmente, a la falta de un buen guía, tan necesario en estos días como en aquellos, y sin el cual hasta Dante se habría perdido en su propia *comedia*. Por eso me aferro a la mano del mío (Ariadna sosteniendo el ovillo del héroe) antes de dirigir nuestros pasos hacia la tumba de Virgilio.

Y de pronto, todo cobra sentido: Circe mostró a Ulises el camino de vuelta; Ulises mostró a sus compañeros la manera de no sucumbir al canto de las sirenas; una de ellas, Parténope, mostró a la envidiosa Afrodita su amor por el héroe muriendo por él. Su cuerpo inerte de pez apareció sucio y maloliente en la orilla mediterránea de una bahía, lo que dio lugar a la bella Nápoles. No muy lejos de aquellas playas, en la ciudad de Cumas, la sibila más famosa de la Antigüedad guiaba por el Hades a Eneas, príncipe troyano, para que visitara a su padre Anquises y así Virgilio pudiera cantarlo en la *Eneida*, demostrando que, en el intento deliberado de glorificar a Roma por encargo de Augusto, su canto podía ser tan inmortal como el de Homero. Siglos después, Virgilio mostraría a Dante el camino al infierno; Dante nos mostraría a los hombres el camino de regreso al Olimpo y ahora era yo quien debía mostrar al héroe la tumba de Virgilio. Para cerrar el círculo, como Virgilio hará con Dante, el héroe me abandonará en las puertas del paraíso. Lo sé, pero ya no me importa. Hace tiempo que comprendí que los héroes no son buenos guías pues no nacieron para enseñar, sino para comprender: no explican, solo muestran, otorgando la libertad relativa de poder elegir entre seguirles o renunciar a ellos para siempre. Como Circe, como Parténope, como Dido, como Ariadna, como Briseida, como Octavia, como Beatriz, como tantas, yo decido seguirle.

La tumba de Virgilio se esconde al final de un parque helicoidal que se eleva suavemente sobre la bahía napolitana, en Piedigrotta, junto a la galería excavada en el siglo I antes de Cristo para poder pasar de Nápoles a Pozzuoli y a los Campos Flégreos. Estos eran, literalmente, «campos ardientes», una zona rica en fenómenos volcánicos, aguas termales y bocas de cráteres, siendo sin duda la más famosa la del lago Averno, el «lago sin pájaros», donde Diodoro Sículo localizó, y Virgilio inmortalizó, las puertas de entrada al inframundo.

El caos ruidoso, sucio, vivísimo, tan característicamente mediterráneo de Nápoles, queda apartado cuando uno penetra en el Parco Vergiliano. Un gato salvaje de grandes ojos verdes nos observa a la sombra de un acanto. En el primer tramo de ascenso, dos amplios mármoles blancos colgados de una gran pared detienen nuestros pasos. Escritos en latín, hoy solo pueden ser descifrados por los eruditos y los héroes. Fueron colocados por el virrey español Pedro de Aragón y tienen inscritas largas leyendas sobre la historia de este lugar. Las palabras latinas pronunciadas con voz segura suenan a edicto o conjuro; a desafío de siglos, y ni siquiera el estruendo del tren de la vecina estación de

Nápoles-Mergellina logra enturbiarlas. A la derecha, refugiado en su nicho de hiedras, el busto del joven Virgilio sonríe emocionado al comprobar que aún quedan hombres capaces de leer la lengua de los emperadores.

El ascenso nos coloca dulcemente en un punto intermedio entre la colina volcánica y el Tirreno. Allí descansa Leopardi, el otro gran bardo napolitano; el deforme, el grandioso, el que tanto sufrió y tanto admiró a Virgilio. Desde aquel fastuoso túmulo, la espera del reencuentro con su amada Carolina Grau deber ser menos dolorosa, estoy segura.

El camino arriba vuelve a empinarse hasta llegar por fin a los pies de la Gruta de Virgilio, donde se abre la antigua Via Putcolana, que hiere la roca como una lanzada homérica en el costado de Posillipo.

Devorado por la maleza, el túmulo apenas visible permanece cerrado. Hay que alejarse unos pasos para reconocer su arquitectura: un elegante sepulcro cilíndrico augusteo, en cuyo interior un quemador de bronce es la recompensa del viajero romántico que quiera dejar en él pensamientos escritos y ofrendas. En este momento, lo de menos es si los restos de Virgilio descansan realmente bajo esta tierra. Miro desde lo más alto el sobrecogedor paisaje entornando los ojos frente a las ráfagas blancas de luz que dispara el mar, la sombra amenazante del Vesubio poderoso y la mole del Castel dell'Ovo, que, envuelto en la bruma del calor del mediodía, parece flotar como una pesada nave cóncava junto a Chiaia.

El regreso caluroso nos detiene bajo la sombra de unos pinos. Junto a estos, un pequeño cartel cerámico anuncia la última sorpresa: «De estos árboles se extrajo, según Virgilio, la madera con la que los aqueos construyeron el caballo de Troya [...]». A nuestro lado, Virgilio nos observa en mármol desde la cuenca de sus ojos ciegos.

—Un día moriremos —advierte mi Virgilio—, y tal vez no habrá nadie que recuerde ya a estos poetas italianos, ni sepa leer latín, ni encuentre ningún motivo para venir a Piedigrotta bajo el tórrido sol del verano, y la maleza terminará cubriendo el camino como ya devora el tufo. Pero nosotros sí hemos estado. Hemos leído y aún recordamos. Por eso ven, acerca tu boca a la del poeta y rózala apenas con tus labios; esos con los que lees la *Eneida* o sellas las heridas del héroe. Hazlo suavemente, con la dulzura melancólica de las despedidas, pues tal vez estés destinada a ser la última mujer que besó a Virgilio.

2

Roma: Amore amaro en *Via Margutta*

Via Margutta sigue siendo un milagro en la Roma ocupada por el turismo. Su estratégica posición en las faldas del Pincio la protege del circuito masificado de su entorno más cercano: Piazza di Spagna para las obligadas fotos de las escaleras; Via del Babuino con sus exclusivas tiendas, y Piazza del Popolo, especie de delta urbano donde viene a desembocar el aluvión de turistas que se arrastran por la corriente incesante de Via del Corso.

Via Margutta esconde con discreción su belleza y hay que buscarla para encontrarla. Es pequeña y no conduce a ninguna parte ni sale de ningún lugar interesante. Es hermosa pero demasiado tranquila; no está de moda porque no hay en ella demasiados bares ni terrazas bulliciosas; tampoco tiene monumentos ni palacios ni museos ni esculturas. Es, digamos, solo una calle en un rincón de Roma. Pero, como todo lo que de verdad importa, el valor de Via Margutta está en lo que esconde. Las biografías construidas a base de irremediables mutaciones y silenciosas fortalezas cristalizan casi siempre en lo universal.

El valor de esta calle romana se explica porque durante casi cuatro siglos sirvió para cobijar el más antiguo motor del mundo:

el amor. Amores prohibidos, impulsivos, soñadores, ilegítimos, pasajeros o eternos; amores amargos llenaron durante décadas el aire de Via Margutta de llantos y gemidos, de olor a piel y sueños como un perfume denso de Grenouille.

Amores de espíritu libre que, deliciosamente, mezclaban la belleza con el sexo; el trabajo creador con el *dolce far niente* en la clásica relación entre artista y modelo de los que hoy apenas quedó un leve rastro en la historia: Angelina Clasanto y Attilio Torresi, Victoria Pompei y Rainiero Aureli, Adele Mazzoleni y Federico Faruffini, Serafina Pisciarelli y Silvio Canevari, Emilio Wolf y Margherita, Rosa Lucaferri y Mariano Barbasán, Maria Meddi y Augusto Corelli, y Pompilia de Aprile y Fausto Pirandello.

Entre tanto arte y tanto amor, destacan dos historias conocidas a modo de *victorias* del olvido: la de la modelo Vittoria Proietti, que se convirtió en diva de pintores bajo el pseudónimo de «Vittoria Lepanto», y la más famosa Vittoria Caldoni, la bellísima modelo conocida como la «Venus clásica», a quien todos se disputaban en vano, conformándose con poseerla tan solo en la pintura hasta que un día uno de los artistas, el pintor ruso Grigorij Làpčenko, la convocó en su estudio para inmortalizarla como la Susana bíblica desnuda ante los viejos. Mientras posaba para aquel muchacho, no dejaba de extrañarse ante la urgencia por acabar el cuadro: la necesidad de pintar durante las horas centrales del día cuando el Estudio Tancredi, en el 54 de Via Margutta, se inundaba con una luz casi insoportable; la sonrisa de aquel joven extrovertido que cada día se apagaba un poco más. Ella por entonces ignoraba que la enfermedad que el pintor había venido a curar a Roma no hacía más que incrementarse y que la ceguera progresiva que padecía era inevitable y definitiva. Para cuando lo supo, la joven modelo ya se había enamorado irremediablemente del pintor ciego. Se casaron en una pequeña iglesia romana en penumbras a comienzos de 1839 y después marcharon a Rusia. Alí se perdieron con el olvido sus huellas, como las mías se perderán en Via Margutta.

Los años románticos marcaron sus límites territoriales en torno a esta calle: Keats moría a tan solo trescientos metros de aquí y Shelley se ahogaba en una playa de Toscana tras noches de insomnio en el número 53 de esta vía, en las famosas fiestas del Circolo Artistico a las que no faltaban otros jóvenes talentosos del Romanticismo: Debussy, Alma-Tadema o Gabriele D'Annunzio, que, prendado de la carne fascinante de Barbara Leoni, escribiría, inspirándose en aquellas noches romanas, su ópera *Il Piacere*.

Por entonces se respiraban años de pasión y cambios profundos, y en ese mundo cambiante ellas no siempre querían ser musas. Algunas eligieron bajar de los divanes y las tarimas y alzarse también como creadoras, pagando, por supuesto, un duro precio. Rina Faccio fue una de aquellas mujeres. Desde el hermoso jardín del Estudio Marinelli, en el 41 de Via Margutta, comprendió que le dolía la urgencia de libertad y se lanzó a llenar su vida de arte, viajes, sexo, lecturas. Incompatible con todo, cambió su nombre por el de Sibilla Aleramo y, estrenando pseudónimo como el que estrena vida nueva, terminó soltando el lastre más doloroso: abandonó definitivamente a su marido y a su hijo, Walter, en defensa pública del amor por el poeta Dino Campana.

Dice mi admirado Félix de Azúa que los poetas de verdad, los de raza, nunca pueden acabar bien. Como tantos otros, Dino Campana murió en un internado para enfermos mentales. La Aleramo, entonces, organizó todo el placer vivido y el inmenso dolor acumulado y los usó como materia de escritura. Su libro *Una donna*, escrito para que su hijo comprendiera todo aquel dolor o acaso para poder comprenderlo ella misma, pienso que debería ser leído por todas las mujeres y todos los hombres del siglo XXI.

En el transcurso del *novecento* se fueron distorsionando los anticuados límites académicos del arte, arrancando los vestidos de las modelos que ahora exponían sus cuerpos blancos en la Academia Libera del Nudo de Via Margutta como un imparable grito vanguardista. Los artistas del futuro trabajaban, amaban y discutían presintiendo el aliento de la guerra cercana. Las ciudades del mundo entero hicieron hueco en sus extrarradios para los grandes cementerios, y algunas como Roma arrancaron los mármoles para grabar en ellos el interminable listado de los nombres de los caídos. En Via Margutta número 51b, La Bottega del Marmoraro, fundada por Enrico Fiorentini, aún hoy continúa esta noble tradición de los epigramas. El irreversible olvido es menos terrible cuando sabes que tu nombre permanece grabado a cincel en una targa de mármol italiano.

El mundo entero quería olvidar la última guerra y, a partir de la década de los cuarenta, Roma volvió a ser una *cittá aperta* a la modernidad. Las vanguardias convivían con el cine y los artistas modernos, como Picasso, Dalí, Gala, De Chirico, Guttuso, Eva

Fisher y Tot, solían venir a Via Margutta a trabajar y reunirse en Il Bar Degli Artisti conocido como «Il Baruccio», donde se emborrachaban con los *pit cocktails* o «cócteles de autor», que tenían la peculiaridad de llevar el nombre de los artistas más notorios de la calle. Allí se recordaba a los muertos y se contaban las anécdotas antiguas de Via Margutta que ya casi tenían sabor a leyenda.

Entre todas era recurrente la historia de la bella modelo Marietta del Fratte, la hermosa jovencita de provincias que, a finales de siglo XIX, como tantas otras, acudía a Roma a buscar fortuna y terminaba por recalar en los talleres de Via Margutta para servir como modelo a cambio de unas monedas. El joven escultor Ercole Rosa, impactado por la belleza de Marietta, la llevó ese mismo día a su estudio y le pidió con naturalidad que se desnudase. La chica obedeció, pero, avergonzada, no pudo evitar esconder el rostro entre las manos. Aquella imagen fortuita inmortalizada en mármol se convirtió en la encarnación de la pureza y la inocencia, otorgó fama y prestigio al escultor y lo convirtió con rapidez en un artista de moda en los círculos más exclusivos de la ciudad. En el revuelo del éxito, no volvió a acordarse de aquella jovencita hasta que, una fría tarde de invierno de 1903, una prostituta lo abordó en la calle. A pesar de la carne prematuramente envejecida y de las ropas sucias, la reconoció enseguida: era Marietta del Fratte, aquella joven modelo. La invitó a cenar sin decirle nada y después la tomó de la mano.

—Ven —le dijo—. Quiero enseñarte algo.

Caminaron en silencio por Via Margutta hasta llegar a la galería de Augusto Jándolo. Tras el cristal iluminado del escaparate se exponía aquella bellísima obra escultórica que Rosa llamó *La lampada infranta*. La mujer se quedó allí de pie frente al cristal, inmóvil, durante largo rato. Después, en silencio, echó a andar lentamente sin decir adiós ni mirar atrás hasta perderse en la niebla de la noche romana. Ercole Rosa nunca, hasta el final de sus días, dejó de oír el eco de aquellos pasos alejándose por

Via Margutta infinitamente cansados, como si cargaran sobre ellos el peso de todas las sombras.

Pero el ser humano, veterano en el hábito de olvidar para poder vivir sin remordimientos, fue sustituyendo aquellos amores amargos por los grandes amores de película. Cinecittà era la nueva fábrica de sueños y Via Margutta, su calle. En 1960, el director de cine Mario Camerini rodaba un famoso documental con Via Margutta como protagonista y ese mismo año la casa de producción cinematográfica Titanus compraba el edificio del antiguo Círculo de Artistas, y dedicaba todo el espacio del primer piso a ubicar la sastrería SAFAS (Società Artigiana Figurini d'Arte e Spettacolo), propiedad del señor Rhon, donde, entre otros, se confeccionó el inolvidable vestuario de la adaptación viscontiana de la más bella novela italiana de todos los tiempos: *Il Gattopardo*.

Estrellas del cine vivieron su amor en esta calle: Anna Magnani y Goffredo Alessandrini; Liliana de Curtis (la hija del célebre Totò) y el productor Gianni Buffardi, así como el gran Fellini y Giulietta Masina, inmortalizados en una placa de mármol que aún hoy señala el hogar de ambos en la casa del número 110.

En nuestro siglo XXI los sueños siguen sucediendo en esta pequeña y discreta calle romana, por eso volver a Roma es también regresar a este lugar recordando aquella canción: «Voglio ritornare en Via Margutta/ voglio rivedere la soffitta/ dove m'hai tenuta stretta stretta acanto a te». Porque hoy, como siempre, Via Margutta sigue siendo testigo de tanta amargura, tanta felicidad, tantísimo amor.

3

Palermo:
La biblioteca de El gatopardo

Doña Nicoletta Polo Lanza Tomasi es una anfitriona nata: menuda, elegante, dinámica, es el alma del Palazzo Lanza Tomasi de Via Butera, en Palermo, que sin duda alguna no existiría ya si ella no hubiese traído hasta aquí su inteligencia viajera y su facilidad veneciana para los negocios.

En un español perfectísimo, nos explica con naturalidad que el palacio tiene unos gastos de mantenimiento de cincuenta mil euros al año, por lo que se han visto obligados a convertir parte de él en alojamiento temporal de viajeros y turistas.

Sobrevuela sigilosa sobre las geometrías del suelo cerámico sin apenas rozarlas, como una golondrina; sonriente y elegantemente sencilla, su conversación es fluida, tanteando con sutil cautela a la desconocida que hace unos días le confesó, por correo electrónico, que sería un honor poder visitar la biblioteca de Giuseppe Tomasi di Lampedusa, el autor de *El gatopardo.*

Me muestra el jardín; una terraza orientada al puerto llena de plantas frondosas y fuentes murmurantes donde las escamas rojas de los peces espejean bajo la intensa luz palermitana y unas

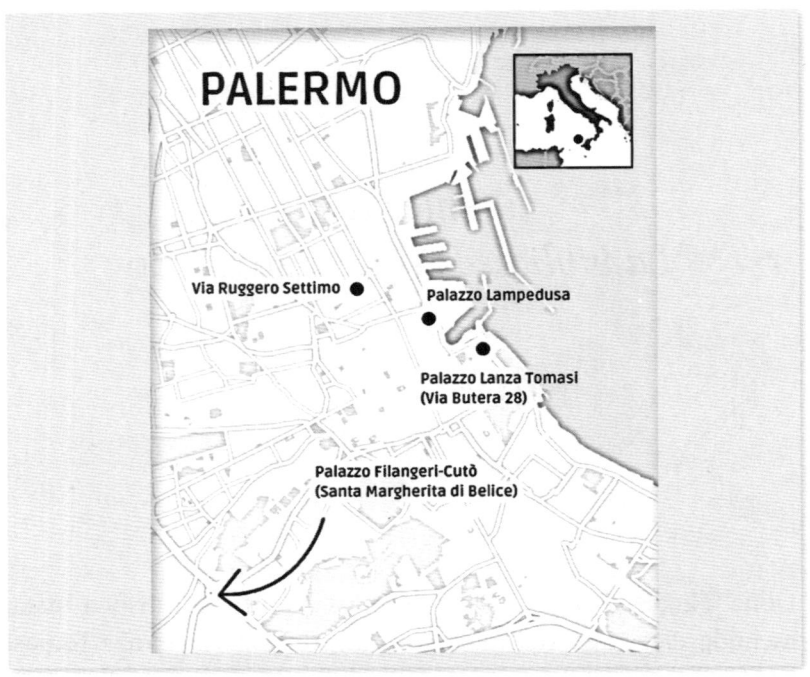

hermosas tortugas buscan la sombra tras el escudo de piedra del rampante felino de los Lampedusa.

Las dos primeras plantas del palacio siguen siendo privadas y son, ciertamente, un laberinto lampedusiano de cámaras, pasillos, alcobas y antealcobas plagadas de recuerdos, objetos personales, antigüedades, fotografías, pinturas, grabados, biombos, esculturas, pesadas cortinas, tapices, alfombras..., todo distribuido con estilo y suavidad; otorgando a las vastas estancias un aspecto sorprendentemente acogedor, casi doméstico, que invita más a la vida que a la fría admiración.

Respira todo el palacio un gusto aristocrático atemporal, genéticamente adquirido en paisajes seculares de lujo sereno y riqueza acostumbrada a sí misma, generosa y abierta, sin alardes ni estridencias, sin acopio de caobas, vitrinas, cueros o arcos neorrománicos de piedra tan al gusto de la elegancia clásica, acomplejada de su propia grandilocuencia, del nuevo rico.

Muy al contrario, esta descuidada elegancia del palacio resplandece en cada sala donde conviven con intuitiva perfección oscuros óleos barrocos o delicados grabados franceses del siglo XVIII junto a un bellísimo Miró, un par de retratos de Picasso o un curioso cuadrito expresionista, aparentemente de la escuela norteamericana de los cincuenta, del que, ante mi insistencia en intentar identificar la ilegible firma del pintor, Nicoletta comenta burlona:

—No, no es un Twombly. ¡Ya me gustaría que lo fuese!

Se aleja, pizpireta, consultando su teléfono móvil, que no para de emitir sonidos y alarmas de distinta naturaleza, dejándome en el asombro mal disimulado por su indiscutible conocimiento de la pintura contemporánea, oyéndola todavía murmurar a lo lejos:

—El préstamo temporal a instituciones culturales de una obra de Cy nos habría ayudado a pagar una buena parte de lo que este *palazzo* necesita.

Cuando por fin la alcanzo, nos miramos, sonrientes, porque las dos sabemos que algo funciona. La conversación hace rato que dejó de ser cautelosa para volverse confidencial, melancólica, irónica, divertida. Hablamos del Mediterráneo como una patria común; del español y el italiano como lenguas hermanas; del pasado como el lugar al que querríamos regresar. Con la pisada suave pero segura de una *prima ballerina* me invita a seguirla sorteando cerámicas trinacrias, bustos de Carrara y mesas venecianas hasta colocarme delante de aquel retrato. Se trata de una pintura al óleo que reproduce, casi a tamaño natural, a una bellísima mujer vestida a la moda de los años veinte con un precioso niño rubio en sus brazos que me hace pensar en las Venus con Cupido del Renacimiento florentino.

De aspecto refinado y etéreo, contempla con unos inteligentes ojos claros un punto indeterminado por encima del espectador, a su derecha, y uno puede imaginarla sin esfuerzo siendo el centro de atención en cualquiera de las fiestas de Zelda y Scott Fitzgerald.

—Esta era la abuela de mi marido, Gioacchino. Yo la conocí cuando era una mujer octogenaria, pero le aseguro que no había perdido ni un ápice de su elegancia y su belleza. Cosmopolita, inteligente y muy lectora, en el *palazzo* conservamos, junto a la de Giuseppe, parte de su nutrida biblioteca. El español era su lengua materna, pero nunca la usó con sus hijos, a los que hablaba en inglés, alemán o francés, y por eso ninguno de ellos la llegó a hablar con corrección. Era divertida y culta como solo podían serlo las damas de su clase entonces. Jamás entró en una cocina y jamás se preocupó por el dinero... Creo que pensaba que surgía por generación espontánea. Era una mujer de otro momento; fruto de una Europa *che non è più possibile...*

Sonríe melancólica frente a la mujer del retrato, aunque no es a ella a quien mira; observa más allá de la perspectiva, al otro lado de las arquitecturas venecianas, tal vez buscando en aquellos trazos palaciegos el hogar recuperado de su pasado y su memoria.

—Acompáñeme, por favor. Vayamos a la biblioteca.

Cruzamos el salón de baile y una gran sala donde nos detenemos. En un pequeño mueble de cristal, los Lanza Tomasi Polo conservan los manuscritos originales de *El gatopardo*: el cuaderno preparatorio, el dactiloescrito dictado por Lampedusa a Francesco Orlando, así como el manuscrito completo de 1957 junto con la primera edición de Mondadori y una fotografía del escritor corrigiendo la novela en Siculana, en el Palazzo Agnello. Junto con la fotografía se conservan la pitillera y el encendedor de plata que el príncipe usó hasta su muerte, grabado en ambos el escudo de armas de su familia: el famoso leopardo rampante al que los sicilianos, en el dialecto local, solían denominar *gattupardu*.

No sé qué decir, el silencio emocionado es lo único que puede estar a la altura de este momento que me siento ahora incapaz de medir. Al cabo, levanto la vista y me encuentro sola en el gran salón. Nicoletta ha desaparecido y de la sala contigua vienen una luz dorada y un sonido característico, mediterráneo, de contraventanas de madera al chocar y abrirse. Me asomo y allí está por fin: la biblioteca del último gatopardo, todavía idéntica a la de la foto del libro de Gilmour.

La señora Polo Lanza Tomasi me sonríe. Esto es todo lo que el escritor pudo recuperar después del bombardeo del Palazzo Lampedusa: algunos libros, algunos muebles y la chimenea de mármol.

Paseo frente a las vitrinas cerradas que albergan libros en todos los idiomas, principalmente en inglés, pero también en alemán, italiano, francés, español... Libros de historia, novelas, estudios sobre literatura... La resaca de la memoria rescatada del desastre de la guerra, junto a aquellos otros libros que el viejo Giuseppe fue adquiriendo en los días de vida en este *palazzo*. Nos cuenta magistralmente David Gilmour la rutina de sus últimos años en torno a los que se forja, en la cabeza y el melancólico corazón del escritor, su primera, última, gran novela:

«Después de levantarse a las siete, se paseaba sobre las ocho por el Corso Vittorio Emanuele hacia el centro de la ciudad. Torcía hacia el oeste a la altura de Via Roma o un poco más allá, en Quattro Canti, y seguía andando en esa dirección hasta que llegaba a su café favorito, la Pasticceria del Massimo en Via Ruggero Settimo. Allí se tomaba su tiempo para desayunar y leía uno de los libros que llevaba con él. Comía pastas y pasteles con un placer especial [...]. Antes de dejar el Massimo, compraba algunas pastas más, que metía en su bolsa, y luego se encaminaba hacia la librería Flaccovio, donde entraba con su bolsa de cuero llena de pastas, calabacines y tomos de Proust. Después solía ir a otro café, el Caflish, en el que un grupo de intelectuales de su misma edad se reunía habitualmente para intercambiar ideas [...] y donde a veces leía un libro o el periódico mientras los otros charlaban.

Muchas veces comía en la pizzería Bellini, en una plaza tras el ayuntamiento, al lado de las pequeñas iglesias normandas de San Cataldo y La Martorana».

Cuando la historia de *El gatopardo* empezó a tomar cuerpo y abrirse camino entre la rutina de los días tristes, empujando desde dentro con una rotundidad que ni el escepticismo ni el desarraigo podían ya detener, Lampedusa empezó a frecuentar las mañanas del Mazzara, un café en un feo edificio moderno muy cercano a Via Ruggero Settimo, fuera de su círculo habitual, lo que le permitía escribir con tranquilidad.

En todos esos lugares y en esta biblioteca donde yo estoy ahora, en este silencio, entre estos libros, nació una de las historias definitivas de la Europa que ya nunca más será; una novela tan humana que trasciende la intención primera del autor, que era la de contar el final de una familia aristocrática del Mezzogiorno para convertirse en la metáfora del ocaso del Occidente europeo, que, poco a poco, inexorablemente, se va hundiendo en su pasado de esplendor y en el olvido.

Los restos ruinosos del Palazzo Cutó en Santa Margherita; la soledad desnuda de Palma di Montechiaro; la reconstrucción neomoderna del gran Palazzo Lampedusa de Palermo...

Nada o casi nada conserva hoy la memoria del escritor, sepultada no ya bajo los restos de terremotos y batallas, sino en lo más profundo del silencio y la desmemoria, la incultura y la desaparición de las bibliotecas.

Por eso es tan importante la labor del matrimonio Lanza Tomasi Polo; por eso quería estar aquí, traer de la mano a mi hijo; caminar juntos por esta biblioteca antes de que todo se acabe y aunque él aún no entienda.

El señor Lanza Tomasi está sentado al fondo de su despacho, una estancia medio escondida precedida por una sala atestada de libros apilados en estanterías metálicas. Un hombre apuesto, de tímidos ojos azules, vestido con desaliñada elegancia, me saluda (el gesto secular, reflejo, de acercar mi mano a sus labios sin llegar a rozarla con ellos), disculpándose por su mal español, que nunca terminó de perfeccionar, y por no tener nada en esa lengua que ofrecerme de su biblioteca. Le explico, en mi mal italiano, que mi razonable capacidad de leer en su lengua compensa la incapacidad de hablarla con corrección. Sonríen ahora sus ojos claros, observándome con curiosidad, y entonces lo reconozco; es el rostro de aquel joven apuesto que aparece junto al escritor en casi todas las fotos de sus últimos años: Gioacchino, el hijo del corazón de Lampedusa. Si en ese momento hubiese sonado un vals en el gran salón del *palazzo*, habría ignorado inmediatamente los nombres escritos en mi cuaderno de baile y habría aceptado, sin dudarlo, su invitación. Sus ojos parecen cansados; siguen sonriendo, pero ahora lo hacen desde muy lejos. Bártolo, el pequeño teckel de dos meses, juguetea entre nuestros pies, mordisqueando con sus agudos colmillitos las zapatillas de piel de su dueño.

—Antes de que se marche, quiero entregarle algo, *signorina*. Es la última edición revisada por mí de *El gatopardo*, que incluye algunos de los fragmentos eliminados en otras ediciones. Espero que le guste; y cuando vuelva a Sicilia no dude en pasar a saludarnos, será siempre bienvenida en el Palazzo de Via Butera.

Le doy las gracias, emocionada, al matrimonio, que me despide al pie de las escalinatas de mármol rojo de la entrada. Desciendo unos cuantos peldaños y me vuelvo por última vez; quiero tentar a los dioses que habitan aún en esta isla; que me conviertan en estatua de sal y poder así quedarme entre estos muros para siempre, pero nada de eso ocurre.

Al fondo del corredor, el retrato de Giulio, príncipe de Salina, el astrónomo, me observa grave, por entre sus pobladas patillas y parece como si me sonriera, burlón.

«Affinchè niente cambi, tutto deve cambiare», me susurra. *Nunc scio*. Ahora sé.

4

Sicilia divina:
Tyndaris, Messina y Ortiggia

El viento siroco ha soplado durante tres días seguidos, lo que ha confirmado que los hombres seguimos siendo prisioneros de la voluntad de los dioses. Cuando impone su rugido, uno comprende la desesperación de los navegantes por llegar a tierra; las palabras de aquel marinero de Ovidio tras sobrevivir a un temporal: «¡Que me vea otra vez entre las manos del feroz gigante Polifemo antes que sobre una nave [...]!».

Frente a la costa, en mitad del Tirreno, las piedras observan el destino fatal de los hombres. Allí, a unas pocas brazadas se encuentra el palacio del dios Eolo, en la isla que hoy conocemos como Lipari. La desobediencia y la envidia de los compañeros de Ulises desataron los vientos que aún hoy parecen jugar por estas costas del septentrión empujando a los viajeros curiosos a los pies de Tyndarion, otro palacio homérico: el de la bella Circe, la amante de Ulises.

La playa de Tyndaris se extiende luminosa lamiendo los pies de un monte coronado por una iglesia católica y una virgen negra medieval de gran devoción en la zona. Se trata de un lugar

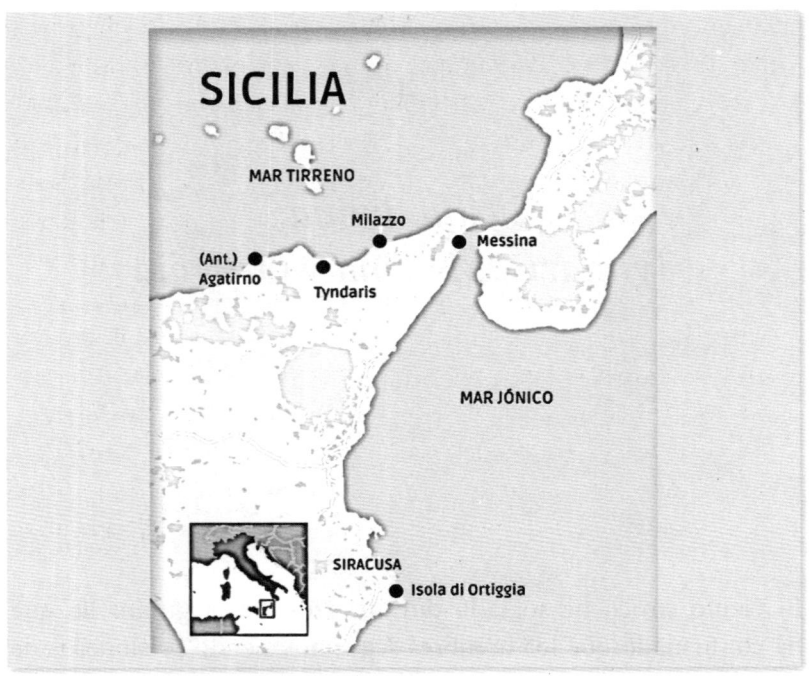

estratégico de la costa norte de Sicilia, entre Milas y Agatirno, situado en una bahía limitada al este por Ponta di Milazzo y por Calavia, a unos cincuenta kilómetros de Messina.

En un lejano amanecer, el salitre de las orillas de Tyndaris cauterizó las heridas del héroe, que terminaron de cerrarse en el lecho de Circe. Una vez recuperadas las fuerzas, olvidada Troya y calmado el deseo, inevitablemente el héroe encontró una excusa y una nave, y se dejó llevar de nuevo por el viento siroco. Imagino que para algunos guerreros la monotonía del amor resulta casi tan insoportable como los días de paz. Homero siguió contando su historia, pero nada más supimos de la bella Circe.

Y por eso yo he querido llegar hasta aquí trazando solitaria el camino de la amante abandonada. Decididamente, hay una parte miserable en todos los héroes; en su carne y su corazón: Teseo, Jasón, Perseo, Aquiles, Edipo, Eneas, Hércules. Las voces doloridas de Calipso, Ariadna, Medea, Briseida, Dido y la propia Circe nos lo recordarán siempre desde la eternidad del mito.

En el caso de la hermosa hechicera homérica, me gustaría creer que ella se sabía superior, fuerte, indestructible: destinada al sexo, no a la ternura. Circe, a diferencia de Penélope, nunca sintió deseo alguno de aprender a tejer, por eso su lecho de Tyndaris jamás estuvo vacío y por eso, tal vez, continuó cautivando a los héroes y castigando a los hombres. Cuentan las gentes del lugar que, celosa y vengativa, se encaprichó del pastor Glauco, que no la amaba. Cansada de transformar a los ingratos en cerdos, decidió vengarse esta vez de la novia de aquel, la joven Escila, transformándola en una criatura monstruosa de seis cabezas de perro que, frente al remolino dentado de Caribdis, encarnó durante milenios el infierno de los marinos: un lugar de pesadilla para todo aquel que se atrevía a cruzar el estrecho de Messina.

Pienso en ese lugar donde se abrazan los dos mares, Jonio y Tirreno, mientras miro el agua apoyada en la regala del ferri que hace el recorrido entre Reggio Calabria y Sicilia. Casi hemos llegado, pero los pasajeros ensimismados en sus *smartphones* no se fijan en el paisaje. Si lo hubieran hecho, habrían visto que, casi rozando la superficie azul, algo serpenteaba lanzando destellos de espuma. El capitán me informa, tratando de usar un tono neutro en su voz, que se trata de un mero juego de luces sobre el mar; una especie de espejismo que algunos pescadores de la zona llaman Fata Morgana. Luego, educado, se disculpa: «Ci siamo quasi a Messina, signorina». Entonces, creyendo que nadie lo observa ya, se aleja unos pasos y acto seguido retira de sus oídos dos pequeñas bolas de algodón que arroja al mar, respirando con alivio. En este mar poblado de monstruos, nada es lo que parece.

Descendemos del ferri en Messina. La ciudad, que acaricia con sus dedos calcáreos la península itálica, fue también testigo de otra historia triste de venganza y amor: la del gigante Orión y la diosa Artemisa.

Si Atenea reina en el Peloponeso, Artemisa lo hace en Sicilia. La isla, frondosa de bosques inverosímiles y lagunas ocultas, resultaba un hogar perfecto para la terrible diosa, sus cacerías salvajes y sus improvisados gineceos. Presumía de ser una mujer plenamente libre porque había decidido renunciar al amor; pero, ¡ay!, hasta las diosas se equivocan tratando de separar la cabeza del corazón. Un buen día apareció por aquellas tierras tranquilas un cazador al que todos conocían como Orión, un nombre extraño para un extraño origen: había nacido de la orina de los tres grandes dioses hermanos Zeus, Hades y Poseidón.

La diosa de la caza lo observó durante semanas: lo vio tensar el arco, correr sudoroso tras la presa, nadar desnudo en el mar, acariciar con ternura a su inseparable perro Sirius, y decidió que lo amaría por toda la eternidad. En ese amor sin medida, como suele ocurrir, iba implícita la venganza sin límites; por eso cuando supo que no era correspondida se negó a perderlo, y lo asesinó usando el veneno de un escorpión. El dios Poseidón, que le había regalado al nacer el don de caminar sobre el agua, al morir le otorgó la eternidad de flotar en la esfera celeste, convirtiéndolo, junto al fiel Sirius, en estrella.

Esta noche, buscando en el cielo siciliano la luz acuática de la constelación de Orión, me viene a la memoria el recuerdo de otro cazador que, junto a otro mar y en otro tiempo, llegó a confesarme que, una vez, aquel conjunto de estrellas le había salvado la vida. «Ahora tengo que marcharme, pero cuando regrese prometo contarte esa historia». Yo, por aquel entonces, habría hecho cualquier cosa por retenerlo a mi lado, incluso recurrir al veneno de un escorpión, pero los humanos no contamos con los recursos de los dioses, así que un buen día, como a Ulises, los vientos se llevaron a mi cazador muy lejos, y nunca me la contó.

Cazadores y presas. Ahora ya no tengo muy claro cuál es mi papel en esta historia, pero tampoco me importa demasiado. El caso es que, siguiendo la huella de las amazonas del séquito de

Artemisa la asesina, prosigo, como un sabueso del pasado, este recorrido por la costa oriental de Sicilia en dirección sur hasta llegar a Ortiggia. En esta islita fértil frente a la milenaria ciudad de Siracusa, descubro otra historia de amor o desamor, lo mismo da, pues para los dioses son tan inseparables ambos conceptos como para los narradores los prefijos.

Resulta que la ninfa Aretusa, la más bella de las vírgenes que acompañaban a la diosa de la caza, tuvo la desgracia de despertar la pasión del río Alfeo, hijo del dios Océano, mientras se bañaba desnuda dentro de sus aguas. Loca por escapar de aquel deseo, suplicó la ayuda de Artemisa y esta, un poco cansada de los lloriqueos de la muchacha, la transformó en una fuente de aguas dulces y secretas que, en su huida desesperada, abrió numerosos canales subterráneos por toda la Tierra hasta terminar emergiendo misteriosamente en Ortiggia, nombre que la ninfa Aretusa puso a la isla en honor de su salvadora, pues Artemisa era así conocida en otros lugares del Mediterráneo.

Hoy, la Fuente de Aretusa es un fenómeno incomprensible de agua dulce en mitad del mar salado, con un espontáneo bosquecillo de papiros en su centro que nos recuerda el pasado africano de Sicilia. En los tórridos veranos, la fuente suele ser un lugar concurrido de curiosos, viajeros y turistas sofocados por el calor y mirando con envidia a los patos que, ajenos a los milagros acuáticos y la mitología, se alivian del sol en sus orillas.

5

Sicilia monstruosa:
Lago Pergusa, volcán Etna, nera *Catania*

Como toda hembra disputada por muchos y abandonada por todos, Sicilia tiene frondosa la epidermis y duro el corazón. A medida que nos alejamos de la franja verdeazul de sus orillas viajando hacia el interior, el paisaje se vuelve árido, estepario, terroso. La mitología explica este contraste en uno de sus más definitivos cantos: el rapto de Proserpina.

Este mito, como toda narración que trasciende el argumento, está tejido con el hilo de la vida, resultando un tapiz complejo de la historia de las primeras civilizaciones del Mediterráneo: el matriarcado, la maternidad, la entrega al esposo, la pérdida de la inocencia, la venganza, la renuncia, la partida, el regreso.

La Perséfone de los griegos (Proserpina para los romanos y también para la posteridad gracias a Ovidio) era hija única; el tesoro de su madre Deméter, diosa de la fertilidad, que la amaba con una entrega absoluta, orgullosa de su belleza carnosa y su inocente juventud. Había usado al más potente de los dioses, Júpiter, para que la preñase y ahora disfrutaba de su matriarcado en la cálida Sicilia, que cada año era testigo de la felicidad de madre e hija manifestada en la fertilidad de la tierra y la frescura y claridad

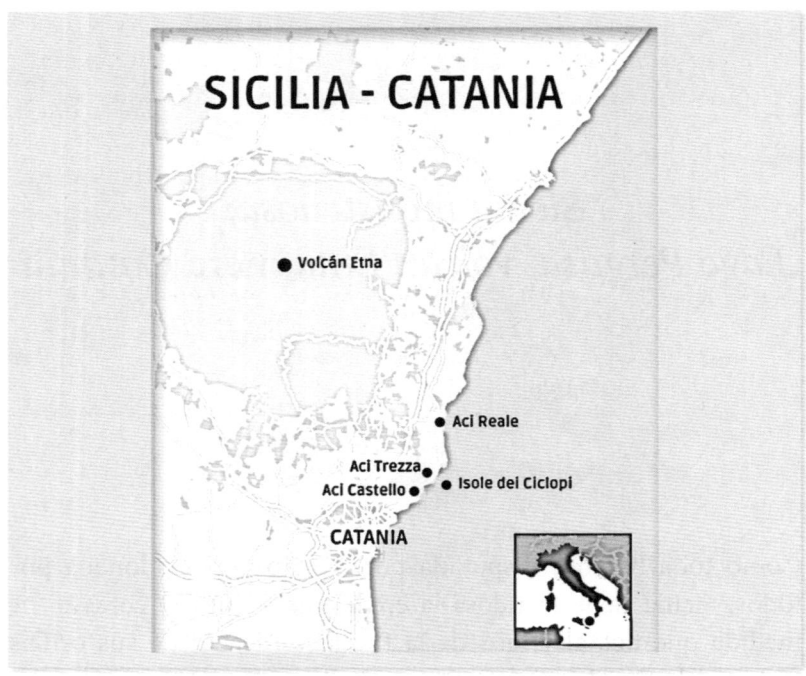

de los lagos, entre los que destacaba por singularidad y pureza el lago Pergusa, en el centro mismo de la isla. Y fue precisamente ese el escenario elegido por el mito para representar la tragedia: Eros disparó su flecha a Plutón, rey del inframundo, para demostrar divertido a su madre, Venus, que, además de puntería, Amor tenía el poder de someter a los dioses. Efectivamente. Herido, el terrible dios hizo suya sin preguntar a la bella Perséfone arrancándola con brutalidad de aquel lugar para que reinara junto a él en los infiernos.

Mientras, en casa, Deméter esperaba paciente el regreso de su hija. Tras acudir al lago Pergusa y comprobar preocupada que allí no había nadie, comenzó la desesperada búsqueda: por cada palmo de la isla primero; por todos los rincones de la Tierra después. A su paso, como una *ciociara* implacable que bien habría podido ser encarnada por Sofía Loren y dirigida por De Sica, iba derramando su impotencia y su furia, destrozando cosechas y matando sin distinción a bueyes y labradores, aunque sin duda, de todos los rincones, el que más sufrió su ira fue este, Sicilia: celebrada por su fertilidad en otro tiempo, bajo la desesperación y la furia de Deméter, comenzó a languidecer. Las tierras se tornaron amarillas, las fuentes se secaron y el abundante llanto de la madre se acumuló en Drépano, la actual Trapani, en la costa noroeste, formando un bosque estéril de dunas blancas de sal que desde entonces brillan bajo el imponente sol del Mezzogiorno.

«¡Contén tu dolor! —le gritó, medio seca, la fuente Aretusa desde Ortiggia—. O nos matarás a todos. La hija que buscas es ahora la esposa de Hades y tú has perdido tus derechos sobre ella».

Horrorizada, Deméter comprendió que, como diosa, tenía que acatar la ley del matrimonio, pero, como madre, no podía dejar de rogar al esposo que le permitiese ver a su hija. Este, consciente de lo incómodo que resultaba tener a una suegra enfadada rondando por la isla y a una hembra triste en el lecho conyugal, accedió a la propuesta.

Las seis semillas de granada que la novia tomó en el ágape de bodas determinaron el cómputo de los meses en los que Perséfone debía permanecer en el reino de los muertos, estableciéndose de esta manera el ciclo de las estaciones. Desde entonces, cada vez que ambas vuelven a encontrarse tras los fríos meses de invierno, la Tierra despierta de su letargo, y es de justicia recordar que la vida, en esta parte del mundo, se renueva en estaciones gracias al amor de una madre.

Sin embargo, hay un lugar en Sicilia que ni siquiera Deméter con su fértil manto logró llenar de color. Se trata de la tenebrosa región del interior donde, en lo más alto de una montaña, se abre la boca profunda del gigante Enceladus: ruge sin cesar la desgracia de su destino vinculado para siempre al volcán Etna, que lo mantiene sujeto bajo las aguas; un castigo impuesto por la diosa Atenea al descubrir que este planeaba con su ejército de gigantes una rebelión contra los dioses del Olimpo.

Inmovilizado, Enceladus escupe fuego y vapores tóxicos y su fuerza es tan terrible que bajo su vómito de lava han sucumbido durante milenios ciudades y hombres. Afortunadamente, el frío de las altas cumbres del volcán Etna terminaba, cada vez, aplacando la ira del gigante, solidificando su saliva de fuego y perpetuándola en un paisaje infernal. Este lugar brumoso en el corazón de Sicilia era el hogar de los cíclopes, raza de gigantes caníbales de un solo ojo que dedicaban sus días al rudo trabajo de los metales en lo más profundo de la sima del volcán, donde, por cierto, el dios del fuego, el deforme Hefesto, tenía su taller.

Y entre todos estos personajes de pesadilla destacaba por su fuerza y ferocidad, heredadas de su padre Neptuno, el cíclope Polifemo, que, en los días previos a la llegada de Ulises, vagaba por Sicilia herido de amor.

Su pasión no correspondida por la Nereida Galatea, criatura de las aguas, lo llevó a abandonar las entrañas de la tierra y caminar sin rumbo, lamentando su desgracia, acompañado por su rebaño de cabras. En uno de esos paseos halló la verdadera razón de la negativa de Galatea a sus requerimientos: se trataba, claro está, de otro hombre: el joven y hermoso pastor Acis, al que la Nereida se entregaba con pasión cada atardecer en las doradas playas sicilianas.

El poeta romano Ovidio, en su «Libro XIII», nos asegura que, al descubrir a la pareja, cegado por el dolor (la ceguera, sin duda, era su destino), Polifemo bramó:

«Yo, que desprecio a Júpiter y al cielo y al rayo destructor, a ti te venero, Nereida [...] ¿Por qué rechazando al Cíclope amas a Acis? [...] He de arrancarle vivas las entrañas y he de cortar y esparcir sus miembros por los campos y por tus ondas. Porque estoy ardiendo y el fuego, agitado, se desborda con más violencia, y me parece que se ha trasladado y llevo en mi corazón el Etna con toda su potencia; y tú, Galatea, no te conmueves».

Y aunque el joven Acis intentó huir, su suerte estaba echada. Aplastado por una negra roca volcánica, sus miembros arrancados por la furia de Polifemo fueron esparcidos en tres puntos de la costa. A Galatea solo le quedó, para llorarlo, la sangre de su amado, que, transformada en río por los dioses, hoy tiene el poder, aseguran los lugareños, de aliviar durante un tiempo la sed de amor.

Desde aquel día, Polifemo no quiso volver a ver la luz del sol. Se encerró con su rebaño en una cueva en las faldas del Etna y en ella permaneció, rumiando su tristeza, hasta que unos marineros griegos aparecieron por allí, exhaustos y hambrientos. Se dejó emborrachar por el jefe de todos ellos, un tal capitán Nadie, y mientras se adormecía embriagado por el licor, recordaba las palabras de su amigo Télemo de Eurímida, el adivino: «El ojo único que llevas en medio de la frente te lo arrebatará Ulises». Con tristeza, antes de caer en la oscuridad, sonrió Polifemo al evocar su respuesta: «Querido amigo, te engañas; otra me lo ha arrebatado ya».

En la costa sureste de Sicilia, a unos veinte kilómetros al sur de Catania, tres pueblecitos llevan en su topónimo la memoria del pobre pastor asesinado: Aci Trezza, Aci Castello y Aci Reale. En este último, un hermoso grupo escultórico perpetúa en mármol esta historia de amor. Sentada en el paseo marítimo de Aci Reale, frente al *skyline* de farallones donde los turistas practican selfis suicidas, imagino en tono borgiano aquella escena:

> *—Los vientos nos son favorables, Ulises, y por fin estamos a salvo sobre nuestra nave con las velas hinchadas, rumbo a Ítaca. ¿Qué pensamientos silencian tu voz y entristecen tu mirada?*
>
> *Ulises, sin apartar la vista de los oscuros «faraglioni» arrojados por el gigante, susurró, como para sí:*

—*No querrás creerlo, pero, cuando quemé su único ojo, Polifemo apenas se defendió.*

Más tarde, recorriendo la provincia de Catania salpicada de poblaciones y viendo la amenazante sombra del Etna que sigue hoy tan vivo como entonces, dudo por un momento de si el empeño milenario de seguir construyendo ciudades en las faldas de los volcanes será estupidez humana o una forma de valentía: en realidad, la única manera de plantar cara a los dioses.

Los cataneses ríen ante mi asombro y mi prisa preventiva por salir de aquel lugar donde ruge el volcán y, como regalo de despedida, me cuentan un secreto: el viejo Homero, para crear a sus cíclopes, se inspiró en los cráneos fosilizados de los elefantes de origen africano atrapados en la isla tras la fragmentación de Pangea y adaptados durante miles de años a la vida en estas tierras sicilianas. La parte frontal de estos huesos revelados en excavaciones y yacimientos reproduce el hueco de un gran ojo señoreando en una cabeza poderosa.

Hoy, este animal sigue siendo el símbolo de la *nera* Catania y, en la Piazza del Duomo, la famosa Fontana dell'Elefante, que los cataneses llaman U Liotru, insiste en esta teoría: un elefante esculpido en roca de lava sostiene con orgulloso equilibrio un obelisco egipcio. Y aunque la construcción no es demasiado antigua (Vaccarini la esculpió en 1736), me gusta pensar, siguiendo el fino hilo de los siglos con el que trato de tejer esta historia, que, a su sombra alargada, se forjó otro amor inmortal: el de la hermosa Norma y aquel ingrato general romano que imaginó Vincenzo Bellini. Entiendo que esta evocación caprichosa (o no tanto, pues Bellini nació, como Polifemo, en este lugar) de un ser humano en mitad de los dioses, los paquidermos y los héroes pueden resultar chocantes a quien guste del purismo mitológico, pero ya me dirán, entonces, cómo no va a tener resuellos de divinidad un hombre capaz de componer *Casta Diva*.

6

Baia:
una Atlántida en Nápoles

«Hay otros mundos, pero están en este».
Paul Éluard

En Italia la mitología sigue imponiendo sus símbolos: si el de Nápoles siempre fue la enamorada sirena Mergelina, el de la cercana ciudad de Pozzuoli o Puteoli era un músico, concretamente un arrogante trompetista de nombre Miseno, que, para su desgracia, se atrevió a retar a Tritón, tan seguro de su música estaba. Este Chet Baker de la Antigüedad era, por cierto, íntimo amigo de Eneas, el superviviente de la guerra de Troya, y terminó pagando con su vida aquella tontería de retar a un dios. Su amigo, que siempre creyó que Miseno tocaba mejor que nadie, enterró al trompetista bajo una roca gigantesca, que, adelantada en una lengua de tierra sobre el mar, desafiaba con su silencio calcáreo la música acuática de Tritón. La grandiosa tumba llevaba el nombre de su amigo de tal manera que nadie pudiera olvidarlo. Así nos lo canta Virgilio en el «Libro VI» de la *Eneida* y así es como, todavía hoy, seguimos nombrando a este lugar: cabo Miseno.

Lo que no cuenta el poeta (recordemos que Virgilio era mercenario al servicio de la propaganda del emperador Augusto) es que, antes de aquello, este lugar, como casi todos los enclaves estratégicos del Mediterráneo, había sido colonizado por los griegos, asentados durante siglos al sur del golfo de Pozzuoli, entre la elevación del Castello y la llamada punta del Epitaffio, al abrigo de una hermosa ensenada. Allí fundaron la colonia de Cumas cuyo puerto se vino a denominar Baia o Bayas por el nombre del timonel de Ulises, Bayo, muerto y enterrado en este lugar, exactamente igual que el trompetista Miseno. La tumba de Bayo fue inmortalizada en unos versos por un poeta hoy olvidado, tal vez por su nombre difícil de memorizar: Licofrón de Calcis.

Por desgracia, estas historias de muertes, bardos y héroes helenos se perdieron en la noche de los mitos de tal manera que la historia de Bayas se olvidó durante siglos. Fueron los romanos los que volvieron a poner el lugar en el mapa: en el curso del siglo I a. C., después de la victoria de Pompeyo contra los piratas que infestaban las costas de Campania, la reestructuración de la zona y la construcción de villas suntuosas hicieron de Bayas un balneario de élite. La zona, conocida como Campi Flegrei, es decir, «tierra ardiente», era rica en fenómenos hidrotermales y ese atractivo ayudó a su repoblación. El historiador Tito Livio mencionaba entusiasmado el lugar, recomendando su Aquae Cumanae, un cóctel de aguas sulfurosas, aluminosas y ácidas muy beneficioso para la salud.

Atraídos por este ambiente termal de lujo, allí establecieron su residencia altos cargos de la política y la cultura romanas. Hasta el mismísimo Julio César instaló su morada en el pico más alto del litoral, el actual Castello, desde el que dominaba toda la ensenada.

Pero, sin duda, la consolidación de este lugar como punto de referencia del poderío romano cristalizó a comienzos del Imperio cuando Marco Agripa, mano derecha del emperador Augusto, ubicó en el cabo Miseno la base naval de la Armada romana, y dio cobijo a la Classis Misenensis, la más imponente flota del momento.

Ya avanzada la época imperial, en tiempos de Vespasiano, bajo cuyo mandato, dicho sea de paso, vivieron y trabajaron los más lúcidos historiadores (Tácito, Suetonio, Josefo), la flota misena fue puesta bajo el mando de uno de aquellos sabios, el prefecto Plinio, conocido como Plinio el Viejo, que desde el cabo Miseno, un fatídico 29 de agosto de hace un poco más de mil novecientos años, asistió, incrédulo, a la erupción del Vesubio. Su sobrino Plinio el Joven nos cuenta que, queriendo observar el fenómeno más de cerca y deseando socorrer a algunos de sus amigos, decidió atravesar con sus galeras la bahía, partiendo del puerto de Bayas y llegando hasta Estabia (actual Castellammare di Stabia), donde murió asfixiado, como tantos ciudadanos de Pompeya y Herculano a causa de los gases tóxicos del flujo piroclástico.

Como todo lugar donde se concentran riqueza y poder, Bayas fue alabada y criticada en equilibrio de fuerzas intelectuales: exaltada por los poetas desde Horacio hasta Marcial, fue condenada por los moralistas desde Varrón hasta Séneca por la vida placentera, refinada y viciosa que allí se llevaba. Incluso Cicerón, que la llamaba *pusilla Roma*, «Roma en miniatura», la consideraba un lugar de vicio y perdición.

Ajeno a las polémicas, el esplendor de la zona se mantuvo intacto incluso después del cierre de la base naval de Porto Iulius, y tanto el cabo Miseno como el puerto de Baia continuaron siendo emplazamiento de villas romanas lujosas y excéntricos proyectos: Calígula, que amaba las extravagancias, creó un puente de barcas entre la cercana población de Pozzuoli y el puerto para acortar la distancia que separaba las dos ciudades. Por su parte, Nerón (según Suetonio) llegó a concebir el fantasioso proyecto de construir una piscina desde el cabo Miseno hasta el lago Averno para recoger allí las aguas termales.

El esplendor parecía inagotable hasta que la naturaleza rugiente de esta región de la península itálica decidió su final. El progresivo descenso de la línea de costa causado por el bradisismo característico de los Campi Flegrei ocasionó el retraimiento de la costa marina, así como la desaparición del lago Lucrino, y originó el hundimiento progresivo del Portus Iulius, que, tras una nueva sacudida tectónica en el siglo XVI, quedaría completamente sepultado bajo las aguas.

Poco a poco, la zona se fue abandonando y la débil memoria de los hombres transformó el origen en mito, la historia en leyenda y el lujo en ruinas, hasta que una luminosa mañana de invierno, cuatrocientos años más tarde, el piloto militar Raimondo Bucher descubrió desde el aire, anonadado, lo que parecía el trazado arquitectónico de una ciudad sumergida en las cristalinas playas de Baia. Al revelar las fotos aéreas, este piloto abría las puertas a esa especie de vértigo mágico que conlleva todo descubrimiento.

Científicos, políticos, historiadores y arqueólogos se pusieron manos a la obra y, tras casi treinta años de esfuerzos, el 7 de agosto del 2002, quedaba oficialmente constituido el Parco Archeologico Sommerso di Baia, una especie de museo sumergido en el que se visitan, con el apoyo de diferentes empresas de submarinismo especializadas, los restos increíbles de esta Atlántida napolitana.

Hoy es posible ver el trazado de la estructura portuaria, las torres de ingreso en *opus pilarum* y algunos almacenes del puerto antiguo, así como un fragmento de la Via Herculanea que se extiende unas diez hectáreas a una profundidad de entre dos y medio y cinco metros aproximadamente. También se visita, bajo Punta Epitaffio, entre sepias terrosas y peces piedra expertos en camuflaje, el Ninfeo, uno de los conjuntos más importantes del parque marino. Se trata de una lujosa sala perteneciente al palacio imperial y destinada a los grandes banquetes descritos con todo detalle por Plinio el Joven.

Esta viajera decide cambiar, al menos durante un rato, los libros de historia por las gafas de bucear. En el silencio azul del Tirreno, las esculturas que dignamente se mantienen erguidas han perdido algo de la solemnidad intimidatoria del mármol, metamorfoseadas en vigilantes extraños a quienes parece incomodar nuestra presencia. A veces, las aletas levantan remolinos de arena y dejan al descubierto fragmentos de suelos imperiales de elegante decoración musivaria, inútilmente destinados ahora a las manos y los pies ingrávidos de estos curiosos del neopreno. Definitivamente, el mundo subacuático no pertenece a los hombres, que lo exploran con una punzada de allanamiento de morada o de latido de incertidumbre extraterrestre. Flecos gelatinosos de anémonas danzan, coloristas, a nuestro paso, felices porque presienten ya nuestra marcha, que realizamos infinitamente despacio. Despedirse de este reloj azul sin tiempo no resulta tarea fácil.

Condenados al oxígeno de la vida, los turistas subacuáticos emprendemos el ascenso a través de un túnel de burbujas. Miro atrás por última vez y siento un latigazo de nostalgia; una especie de apnea histórica: mientras asciendo hacia la luz pienso en Bayas envuelta en mar, en la cercana Pompeya cubierta de lava y en Troya lejana, escondida durante milenios bajo la tierra y los versos de un poema. Allí seguirían, inexplorados, si no fuese por los libros y los secretos que atesoran esperando a ser descubiertos por lectores aventureros, milagrosamente crédulos. Es en ellos donde se esconden los portales por los que se accede a esos otros mundos que existen, pero están en este.

7

Fantasmas de Roma. Cuatro paseos

EL MAL DE STENDHAL

Bajo el débil sol de diciembre, sentada sobre un mármol del Campo de Marte, pienso en el general que regresa con su ejército. No es más que un hombre, pero entra en Roma investido como un Dios entre el fragor de la masa siempre fácil de impresionar y el aplauso de los enemigos, que hoy le demuestran respeto al tiempo que afilan las dagas. Recorre triunfante esta Via Sacra del Foro donde ahora crece la yerba, y apenas escucha las palabras del esclavo en mitad de un tumulto enloquecido que lo aclama. Este, imperturbable, le recuerda la fórmula ya sabida: «*Respice post te! Hominem te esse memento*». «¡Mira tras de ti! Recuerda que solo eres un hombre». El rugido se torna ensordecedor cuando el César llega a los pies del templo de Júpiter donde apenas puede ya oír nada. Un águila cruza el cielo interponiendo sus alas entre el sol y el mármol, y al girar la mirada, César encuentra los ojos de su hijo Bruto, que le sonríe entre la multitud. Bajo la breve sombra del águila, la corona de laurel le resulta demasiado pesada.

Miro las ruinas a mi alrededor, el trazado elíptico del Circo Máximo rehundido, roto y frío como la huella de un paquidermo jurásico. «Y ahora, ¡qué silencio!», se lamentaba Stendhal en este mismo lugar, hace poco más de dos siglos. Camino con las palabras del escritor francés que tanto amaba Roma como única compañía por el Lungotevere Aventino dejando a mi derecha el tondo de Ercole Vincitore, el Tempio di Portuno y la larga cola de gente que espera su turno frente al porche de Santa María in Cosmedin para hacerse la foto junto a la Boca de la Verdad. Sonrío imaginando el día en el que vuelva a cerrar sus fauces frente al último selfi de la humanidad.

La mañana es fría y radiante, y continúo el paseo por la Via del Teatro di Marcello. Voy pronunciando los nombres de las calles como quien lee a Tácito en latín. Me gusta cómo suena el italiano en voz alta. A veces me invento la pronunciación. La gente me mira al pasar, pero nadie se sorprende ya: «Estará hablando por teléfono con los auriculares y el *bluetooth*», concluyen. El gigantesco árbol de Navidad que adorna estos días la plaza agoniza bajo una rígida capa de hielo. «La "cristalización" —decía Stendhal en su tratado sobre el amor— es el proceso por el que el espíritu, adaptando la realidad a sus deseos, cubre de perfecciones el objeto de ese deseo». Pobre Stendhal, arrastrando su *stendhalazo* por las iglesias y los salones elegantes de Roma, suspirando frente a los atardeceres del Pincio junto a hermosas damas casadas, pero siempre solo en su habitación del Hotel de Inglaterra en la recoleta Via de la Boca del León, no muy lejos de aquí.

Sola como Sthendal, aligero el paso hacia el mío evitando la Piazza Colonna, evitando el Panteón, evitando el cadáver de la librería Arión Montecitorio, evitando El Angoletto, evitando la Feltrinelli de la Galería Alberto Sordi; evitando las lágrimas. Me pregunto qué puede uno hacer en Roma cuando el desengaño y la soledad revientan la cristalización en mil añicos.

EL FILÓSOFO EN ZAPATILLAS

Via del Corso siempre pone a prueba la paciencia del viajero con su tráfico perenne, bullicioso y atolondrado de turistas. Aturdida, busco refugio en el Hotel Plaza, que me recibe en una penumbra serena al otro lado de la puerta giratoria. Aquella decadente belleza amortigua el recuerdo, así que tomo asiento en el bar inglés, miro el reloj y pido un Negroni, que tiene el tono rojizo de las fachadas romanas.

Desde aquí no puedo ver la calle, pero sí recordarla en silencio: la primera vez que caminé por entre la multitud desordenada y alegre de Via del Corso fue durante los carnavales de 1844 de la mano de Alejandro Dumas y absolutamente enamorada de

Edmundo Dantés, el héroe que construyó en la venganza su biografía. Aquella Via del Corso un siglo antes también había sido el escenario de vida de otro personaje de novela: el escritor alemán J. W. Goethe, menos vengativo y casi tan viajero como Edmundo Dantés, había fijado su residencia cerca de aquí, en el número 18 de esta vía en una casa hoy convertida en museo, desconocido y delicioso. Miro a mi alrededor como si esperase a Montecristo en la madrugada de Carnaval, pero sé que no aparecerá. Apuro el Negroni y salgo de nuevo a la Via del Corso. A falta de un conde, bien puede valerme hoy un poeta.

Goethe llega a Roma y cambia su forma de vida casi como en la canción de Renato Carosone: habla italiano, viste a la italiana, incluso se ha cambiado el nombre, ahora se hace llamar señor Filipo. También juega a pensar en italiano, despreciando públicamente a la autoridad local («*Il piú grande attore italiano di Roma é il Papa*», rezaba uno de sus pasquines). Ha viajado hasta aquí acompañado por su amigo el pintor Tischbein, pero se pasa la mayor parte del día en una *vecchia osteria* donde la pasta, el vino y la hija del hostelero construyen un mundo de seducción completamente diferente al lugar de donde procede. A sus cuarenta años ha logrado escapar de la asfixiante Weimar; de la corte de Carlos Augusto, de la elegante vida nocturna de teatros y damas empolvadas de la que, asqueado, se había ido retirando hasta el punto de ser conocido en los salones como el «solitario olímpico de Weimar». Por entonces, convivía con su joven criada Cristiana Vulpius, con la que tuvo un hijo que murió y cuyos restos, por extrañas geometrías del destino, descansan hoy en el Cementerio Acatólico de Roma, la ciudad amada de su padre.

No hay gran cosa en la casa-museo de Goethe, pero este vacío es oportuno porque deja espacio para la imaginación: yo imagino al Goethe de Weimar exitoso pero extraño, rodeado de unos pocos, íntimos amigos, lo mejor de cada casa: Beethoven, Madame de Staël, Humboldt, Schopenhauer o Schiller, quien escribió de él que «era todavía más admirable como hombre de lo que era como escritor». También imagino sus conquistas personales en una vida que fue longeva y fructífera: poeta, novelista, dramaturgo, científico, jurista, botánico, zoólogo, dibujante, pintor, físico, crítico literario, filósofo, filólogo, amante. Y es que el tiempo invertido en estudiar y escribir fue en él compatible con el empleado en amar. La lista de mujeres, casi tan nutrida como la de los campos del saber, la elaboró él mismo, tal vez en un ejercicio de compilación científica: Charlotte, Lili, Clara, Ifigenia, Margarita, Elena, Leonor, Dorotea, Adelaida, Eugenia, Mignon, Otilia, Dora, Federica... De esta enumeración destacaba una joven llamada Ulrike, la única que osó rechazarlo. En su honor el poeta creó uno de los más hermosos cantos del romanticismo: *La elegía de Marienbad*.

El broche de oro de una vida como esa se resume, quizás, en un último momento: ya anciano, fue convocado en audiencia por el emperador Napoleón Bonaparte, quien lo recibió exclamando: «He aquí un hombre». El sentido completo de una vida lo otorga, tal vez, la voz de quien te admira.

Recorro en silencio las estancias de su casa de Roma mirando los dibujos que adornan las paredes. Hay una copia del famoso cuadro de Tischbein en el que el pintor representa a su amigo como un viajero del *Grand Tour*, cosmopolita y sofisticado, pensador escenográfico que posa como un dandi recostado sobre un obelisco caído como si lo hiciera sobre un diván.

Personalmente, prefiero el Goethe doméstico capturado en singulares instantáneas a lápiz que se encuentran repartidas por diversas estancias de la casa-museo: el que se asoma en zapatillas atraído por el bullicio de la calle a través de la estrecha ventana de su alcoba; el que, tumbado en el sillón, charla tranquilamente con un amigo; el que lee ensimismado, sentado en una incómoda silla de madera. Me agrada ese hombre que, a pesar de su edad ya madura, sigue reflejando actitudes de joven. Tal vez su forma de ser fue lo que terminó conquistando a una de

las últimas amantes del alemán en esta Via del Corso: la joven Faustina, a quien dedicó, fascinado, las *Elegías romanas*.
Qué vida tan completa. Cuánto esfuerzo, cuánto conocimiento, trabajo y amor, y también cuánta suerte. Evoco a Fortuna, la diosa más caprichosa del Olimpo para maldecirla, pues a pocos metros de esta casa, y en obscena oposición a tanta felicidad, se halla el lugar donde falleció, unos años después, el poeta inglés John Keats.

SUAVE ES LA NOCHE

Mientras el joven poeta moría en una estrecha cama de la Cassina Rossa, en el número 26 de la Piazza di Spagna, la ciudad de Roma al otro lado de la ventana, inconstante y luminosa, seguía su curso. Solo tenía veinticuatro años, demasiado joven para morir, pero, bien mirado y una vez despachadas las maldiciones pertinentes, su muerte prematura permitió que aquellos restos se mezclaran con los de las lobas criadoras, los gemelos, los supervivientes de Troya, los césares, las cortesanas, modelos, pontífices y genios de esta ciudad, de manera que el sustrato que hoy pisamos en la Ciudad Eterna justifica aquel legado y este nombre. Me dirijo a su casa a rendirle homenaje; a visitarlo, a darle las gracias.

Tras un discreto portal, las estrechas escaleras de la casa-museo me conducen a las estancias donde el joven inglés y su buen amigo el pintor Severn compartieron durante apenas dos meses la esperanza de un nuevo aire para aquellos pulmones condenados. Uso los míos para llenarme de esta atmósfera: huele a madera, a cuero, a libros. La luz que entra por el postigo medio entornado arranca reflejos dorados a los lomos de los volúmenes que descansan en sus vitrinas de cristal e ilumina los grabados de la abigarrada estancia. Miro los retratos, las vitrinas cerradas y los distintos objetos que atesoran: recuerdos, cartas autógrafas, mechones de cabello. Me admira el amor de los ingleses por su memoria; el orgullo por su pasado y esta iniciativa romana que en parte resultó del empeño de tres caballeros: Robert Underwood Johnson, Lord Rennell of Rodd y Harry Nelson Gay. Los tres decidieron aunar esfuerzos, tiempo y una parte importante de su patrimonio invirtiéndolo en la recuperación de esta casa erigida no solo como monumento a Keats, sino también a la memoria de los poetas y artistas ingleses vinculados a Roma.

Aquí están también algunos de los recuerdos del poeta Percy Shelley, ahogado en las playas de la Toscana a los treinta años. Fue hallado en la orilla con un libro de poemas de Keats en el bolsillo y un trabajo poético inmenso en su despacho, en el que destacaba brillante como un zafiro de sangre el poema *Adonaïs*, un legado de amor a la muerte de su amigo Keats. Gracias al esfuerzo de sus fundadores, esta Keats-Shelley Memorial House de Roma alberga hoy una de las bibliotecas más exhaustivas de literatura inglesa del siglo XIX, con más de ocho mil volúmenes.

Pero ninguno de esos libros estaba aquí entonces para alumbrar la tristeza de Keats, que al notar los primeros síntomas de una enfermedad que conocía demasiado bien (su madre y hermano habían muerto de tuberculosis), decide abandonar Inglaterra. Le dice adiós para siempre a su ingrata amada Fanny Brawne, a las críticas mordaces de sus poemas, a la vida a la que renunció para dedicarse a escribir, y zarpa rumbo a un clima más cálido. Severn lo acompaña. Alcanzan el puerto de Nápoles el 21 de octubre de 1819, pero su barco, presintiendo la muerte, es mantenido en cuarentena durante diez días, por lo que llegan a Roma la fría mañana de un 15 de noviembre. Su médico y admirador le aconseja un poco de ejercicio, aunque no sirve de nada y en apenas un mes comienzan las hemorragias. Se recupera algo para Navidad, pero el 1 de enero cae en la cama de donde no se levantará más. La sangre marcaba el camino hacia sus últimos días.

En mitad de la noche, el muchacho pide a su amigo que visite el cementerio protestante y que se asegure de que las cartas sin abrir y un mechón de Fanny se enterrarán con él. También le pide que no aparezca nombre alguno en la lápida. «Que sea solo la tumba de un joven poeta inglés». El dibujo floral de los techos de madera de su alcoba es su último paisaje. «Ya noto cómo crecen las flores sobre mí», diría a su amigo. Murió en los brazos de Severn aquel 23 de febrero de 1820.

EN CONVERSACIÓN CON LOS DIFUNTOS

La despedida de Roma será en el lugar de todas las despedidas: el cementerio, al que llego en taxi. Me reúno por fin con los muertos desde el mundo de los vivos que todavía habito: allí, en el cementerio acatólico de Roma, están atados con un extraño lazo el poeta Shelley, que murió con un libro de Keats en el bolsillo; el escritor de la Beat Generation Gregory Corso, que, a su vez, escribió un poema titulado *Cogí un manuscrito de Shelley*; y el pintor Severn, que se hizo enterrar con su hijo de apenas un año, ambos muy próximos a la tumba de Keats, cuyo último retrato fue realizado por Severn. Este dibujó a su amigo Keats mostrando no el rostro de un muerto, sino el de un niño que duerme: tal vez aquel dulce Adonaïs descrito por Shelley.

Rezo lo mejor que sé invocando los versos que cierran este extraño círculo de vida:
«El alto ruiseñor y la urna griega
serán tu eternidad, oh, fugitivo.
Fuiste el fuego. En la pánica memoria
no eres hoy la ceniza. Eres la gloria».

8

El último Schotis en Madrid

Todas las ciudades tienen sus fantasmas, e incluso hay algunas que parecen concebidas para conservarlos a través del tiempo. Venecia, Praga, Troya, Lisboa, Edimburgo, Roma, Verona. Historias de amores desgraciados o personajes singulares, reales o literarios, han convertido un puñado de ciudades del mundo en lugares legendarios donde los viajeros acuden, desde hace siglos, para interrogar a los muertos.

Me cuentan que Madrid, lejos de lo que muchos podrían esperar, también tiene los suyos. Por entre la prisa urbana de la Castellana, la aglomeración de turistas de la Gran Vía, las noches canallas de Malasaña o la tranquilidad residencial del barrio de Salamanca, existe un itinerario singular trazado por unos amantes que aún perdura, a pesar de que hace tiempo dejaron de pisar sus calles. Estos amantes venían de otros mundos, pero Madrid los había acogido sin recelos, acostumbrada como estaba a ser durante siglos una especie de arca de Noé cargada de animales de todos los pelajes resistiendo bajo el diluvio.

Anclada en la certeza juvenil de que el presente era su único patrimonio, ella tejía a medida que pasaban los meses la coartada perfecta, enfocando las horas con él de manera apasionada y leal.

A sus ojos, aquel chico era una especie de dios o de héroe que se parecía sorprendentemente a todos aquellos que habían ido llenando su cabeza, su sexo, su imaginación y su biblioteca. Un imaginario de personajes valientes volcados en uno solo, que, fiel a sus antecesores legendarios, aparecía y desaparecía de su vida a placer, sin mutuo acuerdo, ni consenso, ni diálogo, ni derecho a nada, ni explicaciones, ni futuro. En el guion de su vida en común había palabras que no se podían pronunciar. Ella se acostumbró pronto a aquellos silencios, a la renuncia, a la espera, a la comprensión incluso de lo incomprensible, a la única libertad que tenía: elegir entre aceptar o perderlo para siempre. La certeza de la felicidad borraba cualquier duda, pero no el lamento. Ni la tristeza.

Sin embargo, aquellos seis meses en Madrid transcurrieron como un sueño perfecto y absoluto sin huecos entre ambos; sin excesivos espacios en negro, sin apenas dudas. Fueron tal vez los días más felices de su vida. En esa ciudad caótica, dura, inmensa, abigarrada e impersonal. Quién se lo iba a decir a ella. El paraíso, como afirmaba rozando la herejía san Agustín, aquel santo católico, aristotélico y medieval, está únicamente donde habita la felicidad.

De todos los *madriles* posibles, a ellos solo les gustaba uno: ese que discurría en la pequeña almendra central organizada por callejuelas singulares que, desde el plano que levantara Texeira, apenas había cambiado. En ese territorio, los amantes trazaron un itinerario particular que hoy apenas nadie recuerda. O casi nadie.

Las mañanas madrileñas comenzaban la tarde antes con una breve instrucción telefónica: «A las diez en la Plaza Mayor». Clic. Aquellas palabras para ella eran comparables al comienzo de cualquiera de las frases legendarias de su memoria: «Llamadme Ismael»; «Nació con el don de la risa»; «Era el mejor de los tiempos, era el peor de los tiempos»; «Todas las familias dichosas se parecen, pero las infelices lo son cada una a su manera»; «La candente mañana de febrero en que Beatriz Viterbo murió». Y etcétera.

Se preparaba entonces para salir de la biblioteca, como un ratoncito asustado, y caminar de su mano por la aventura.

En las mañanas de invierno, un triángulo isósceles de sol tibio iluminaba aquel bar de la Plaza Mayor. Sentados sobre su arista, se acariciaban con la mirada, sin tocarse, como si llevasen siglos separados. El reloj deshacía el hielo de sus Coca-Colas, desmontando poco a poco la geometría de luz. «Nunca demasiado tiempo y nunca en el mismo lugar», solía decirle. Era uno de los principios de la supervivencia: había que moverse de allí.

Cruzaban la plaza despacio hacia el Arco de Cuchilleros, de paredes desconchadas y húmedas, con los escalones deshechos, donde por momentos sus huellas se mezclaban con las de los bandoleros embozados que custodiaban, allá por los años cuarenta, las tabernas castizas de la zona.

El empinado trayecto los llevaba en continuo descenso a la calle de Toledo, una de sus favoritas. «Me gusta —solía decirle él— porque esta era antiguamente la Gran Vía popular, llena de comercios y de vida. En el primer tramo se abrían los cafés de postín, como el elegante Café Nacional o el Café de San Isidro, con la "vicaría", un famoso reservado para los amantes discretos. Ahí te habría llevado yo de haberte conocido en el siglo XIX, mi amor. O a lo mejor te llevé».

Reían divertidos, pasando por delante de algunos de los comercios tradicionales que resistían, como la zapatería Lobo o la cordelería y alpargatería Hernanz, desviándose un poco hacia la transversal de la calle de Latoneros. La parada frente al escaparate de aquella pequeña tienda de curiosidades era casi obligatoria. Compensaban el hueco que hacía no mucho les había dejado el cartel «Liquidación por cierre» de la mítica librería de cómic El Aventurero, que, herida de muerte durante años, resistió cuanto pudo hasta que no pudo más. En las gélidas mañanas del interminable invierno madrileño, solían refugiarse allí a curiosear entre las mesas y las cajas rebosantes de historietas, mientras aprovechaban para besarse cuando el librero no miraba.

Al otro lado del escaparate de la tienda de objetos curiosos, entre un montón de cachivaches inservibles, descansaba un precioso Titanic medio hundido, encerrado en una pequeña semiesfera de metacrilato de esas que al agitarlas desencadenaban un diminuto tornado de nieve artificial. «Te lo regalo para que nunca olvides que nacemos marcados por la punta de un iceberg». Lo decía sin el menor tono trágico ni de ningún otro tipo, devorando un trozo de pescado rebozado en El Revuelta, aquel mítico bar de Puerta Cerrada. Adoraban ese bar de barra de zinc, bancos de madera y camareros eficientes, cuyo estoico dueño aún cubría el suelo con serrín para absorber la humedad de los días de aguacero, pasándose la normativa local por el arco del triunfo.

A veces continuaban su paseo hasta la plaza de la Cebada, parándose, melancólicos, a comprar golosinas en Caramelos Paco. «¡Lo que yo habría dado por una tienda así en mi infancia!». Otras bajaban por la calle Segovia hasta El Nuncio, aquel Gijón de extramuros, un decadente café con macetones de enormes palmeras, espejos envejecidos, lámparas de latón dorado y unos sillones de terciopelo empotrados bajo el hueco de los ventanales que acogían a los recién llegados como a viajeros anacrónicos del Orient Express. Allí, una tarde, él descubrió en la castaña cabellera de la joven su primera cana. Ante el asombro de la chica, le dijo, enternecido: «¿No te das cuenta? He sido yo el afortunado cazador. Eso significa que ya no podrás separarte de mí jamás».

Otras veces, chupando uno de aquellos caramelos de Paco, se adentraban en el barrio de La Latina hasta la plaza de Cascorro, mirando el reloj de reojo, porque, si este marcaba las doce pasadas, no había excusa para no inaugurar el aperitivo con un vermut de grifo apoyados en la barra del mítico bar Los Caracoles, esperando que Manolo, el viejo dueño, levantara la vista de la gigantesca olla hirviente y les sirviera en un plato aquel manjar.

Los días de lluvia se refugiaban, felices, en las librerías de viejo del Rastro. Los de sol preferían pasear por la calle Mayor rumbo al dédalo de callejuelas en torno a la castiza calle de la Victoria. «Hoy tengo que hacer varios recados, ¿me acompañas?». Ella obedecía eficiente e ilusionada como un joven grumete obedece a su almirante en una importante misión, pues él tenía la singular capacidad de transformar aquellas calles en una aventura fascinante. Pequeñas tabernas taurinas; tipos salidos de los años cincuenta vendiendo entradas de sombra para asistir a Las Ventas; viejos cafés de poetas trasnochados; comercios de abastos donde comprar peladillas y mantecadas; aquella magnífica cuchillería en la que él le consiguió su primera Victorinox («Un buen soldado, pequeña, siempre debe llevar una en el bolsillo»); diminutas tascas envueltas en un intenso olor a papas bravas y oreja frita; elegantes tiendas de accesorios sacados de un pasado maravilloso que ya no volvería jamás, como las centenarias capas Seseña, en la cercana calle de la Cruz, los abanicos y bastones de Casa Diego, en la Puerta del Sol, o la elegantísima Guantes Luque, en Espoz y Mina, en la que siempre se paraban a mirar el escaparate que protegía la delicada mercancía con un enorme celofán amarillo. Aquella solución casera aumentaba, si cabe, la sensación de melancólica decadencia, a modo de filtro sepia de la memoria.

«Te voy a regalar unos guantes largos de piel. Rojos. Han de ser rojos, para que me abraces con ellos en la habitación de un hotel mientras bailamos un tango».

«Tú de *smoking* y yo solo con los guantes rojos. Y unos zapatos de tacón a juego».

Entraron cogidos de la mano. Él ofrecía la de la chica al dueño, que sonreía solícito al otro lado del mostrador. «Ponga el codo en el cojín, señorita. Estos guantes son delicados, y como todo lo que es valioso, para que perdure, hay que tratarlo con mimo». Ahuecaba los dedos del guante con ayuda de un utensilio alargado de marfil mientras les contaba, charlatán, los secretos de trastienda: «El negocio de mis abuelas milagrosamente sobrevive desde los años veinte, aunque su década de esplendor fueron los cuarenta. ¡Qué ciudad debió de ser aquel Madrid! Fíjense en el logo de nuestra marca: dos perros peleando por un guante. Lo diseñó Enrique Herreros, el audaz ilustrador de la mítica revista *La codorniz*. Era íntimo de mi abuelo. Intelectuales y artistas del brazo de esculturales cabareteras enguantadas en las madrugadas de aquellas noches y estas calles. La verdad es que me siento orgulloso de mi gremio. ¿Saben? De aquí salen todavía los guantes que se utilizan en muchas películas y obras de teatro; hasta Hollywood han llegado. Pero me temo que estamos sentenciados. El oficio de guantero está a punto de desaparecer».

Los tres miraban en silencio el guante rojo sangre enfundado en la mano de la chica. Había algo de final desesperado en aquella imagen, como un injerto anacrónico de un verso de Apollinaire.

El plato de guisantes con jamón y huevos rotos era una de las exquisitas opciones que ofrecía el restaurante Viña P, de la plaza de Santa Ana, a la hora del almuerzo. Les gustaba aquel lugar por la comida, claro, pero sobre todo por la clientela: caballeros de pelo engominado, chaqueta cruzada sobre camisa azul abierta hasta el segundo botón y sello de oro en el dedo meñique, gabardina en invierno, panamá en verano, el periódico en una mano y el bastón en la otra, sentados en sus mesas ya asignadas por años de almuerzos en solitario. Sobre el mantel tan inmaculadamente blanco como las chaquetas de los camareros, la cestilla del pan y una abultada carta encuadernada en piel, todo tan fiel al estereotipo que a veces ellos, observando desde un rincón y un poco emborronados por el vino tinto, bromeaban con la idea de que realmente se tratase de actores clandestinos contratados por el Ayuntamiento para mantener vivo el espíritu castizo de Madrid.

Renunciar a los postres caseros del Viña P era una traición, pero los amantes ya pensaban en otra cosa. Se miraban y sabían que les estorbaba la gente, las calles, la ropa y, como en un corrido de José Alfredo, buscaban la intimidad que desde hacía unas semanas les ofrecía aquella pequeña buhardilla que habían alquilado junto al hermoso jardincillo del príncipe de Anglona, plagado de rosas en verano y gatos huérfanos en invierno. En aquellos treinta metros cuadrados se refugiaban cada vez que podían escaparse de sus otros mundos. Se devoraban las ganas y el cuerpo durante horas entre los fantasmas y poetas suicidas vecinos del cercano viaducto, que acudían a rondar el ventanuco, porque aquellos cuerpos enredados y desnudos destilaban una luz singular cargada de belleza y de calor. Aquellos amantes se parecían a lo mejor de la felicidad que ellos apenas tuvieron y casi no recordaban. Aquella carne era la única, verdadera vida.

La buhardilla nunca fue su casa, y él, que tanta facilidad tenía para defender algunos forzados plurales en su otra vida, solo utilizó el plural con ella una única vez. De su mochila iba sacando objetos: «Una Biblia, un Corán y un *Quijote* nunca deben faltar en la biblioteca, pequeña. Un bote de alcohol y algodón en el baño, un ajedrez imantado portátil y una Aitor afilada en el cajón. Ya tenemos todo lo necesario para que este lugar sea nuestro hogar, amor mío».

Pero nuestro hogar, como aquellos suaves guantes de piel, estaba sentenciado a muerte.

Los días más afortunados se prolongaban hasta la noche. Caminaban despacio, satisfechos, saciados, enamorados, hasta uno de sus lugares predilectos de aquel Madrid: el restaurante El Schotis. Aquel sitio era muy especial para ellos porque allí se habían conocido, convirtiéndolo durante semanas en su lugar de encuentro privado: una especie de trinchera donde siempre encontraban refugio del frío, la soledad, la añoranza, el cansancio, el hambre o la tristeza de tener que decirse interminablemente adiós.

Inaugurado en aquellos cinematográficos años sesenta, El Schotis se erigió como uno de los estandartes del Madrid de los Austrias. Fue el primero de la Cava Baja donde se utilizó mantel, y sus carnes de primera calidad, sus famosos cocidos y los fabulosos pescados frescos, así como la profesionalidad de sus camareros, consolidaron una clientela de prestigio. Desde el presidente Kennedy hasta Bill Clinton, pasando por célebres actores como Charles Chaplin, muchos habían pasado por allí y habían querido repetir. No en vano, el responsable del restaurante durante catorce años había sido nada menos que Lucio Blázquez, el famoso mesonero del mítico Casa Lucio, que fundó al dejar El Schotis.

La decadencia se notaba. La barra solía poblarse de parroquianos a medio día, pero el comedor casi siempre estaba vacío.

A los amantes les agradaba aquella soledad, pero sabían que El Schotis estaba herido de muerte. Por eso no había ni una sola vez que no disfrutaran intensamente de la comida y de la compañía de los amables camareros o admiraran la belleza de las pinturas de Eduardo Vicente, tan castizas, con escenas del baile de la Bombilla y las corralas pintadas al fresco sobre los muros del comedor. Incluso una vez él insistió tanto que ella renunció a su timidez, aceptando hacerse una foto con aquellas pinturas de fondo.

Las farolas iluminaban la acera y el cartel de «Se vende» brillaba como si tuviese luz propia. Parados delante de la cortina metálica, no sabían qué decir. No cenaron aquella noche. Ni ninguna otra noche. El verano marcaba una nueva distancia. Un viaje, un barco, el mar, la disculpa de tener un compromiso que «ya estaba ahí antes de que tú aparecieras, pequeña», y luego el silencio.

La dueña de la buhardilla sintió perder a aquellos inquilinos que pagaban puntualmente y apenas aparecían por allí. Eran limpios y discretos y nunca habían usado la cocina, que brillaba como recién comprada. Intentó localizar, sin éxito, a la chica para decirle que había olvidado algunas cosas, aunque realmente eran de poco valor y no insistió más. Todo cabía en una bolsa de basura mediana. ¿Quién iba a querer tres libros subrayados, un ajedrez de plástico, un bote de alcohol y una navaja?

9

París:
Un diamante como el Ritz

El fin de siglo de aquella Europa industrial surcada de locomotoras, entusiasmada con su nueva raza de obreros, sus grandes avenidas, sus ansias de modernidad y su asombrosa arquitectura de hierro y cristal daba la extremaunción a una forma de vida que no volvería jamás: aquella en la que morían exiliados o con una bala en el pecho los últimos emperadores, mientras las rancias familias aristocráticas reconvertían sus mansiones en discretas casas de huéspedes cuando ya no quedaban tiaras de perlas que poder empeñar para sobrevivir.

Con los fragmentos de aquel ocaso en la memoria, dos jóvenes amigos, César Ritz y Auguste Escoffier, trabajadores incansables, puntillosos organizadores de la perfección y la disciplina, levantaron un nuevo hogar para el glamur.

Sentada frente a una copa de Riedel de seno perfecto y tallo imposible, me concentro en el texto en francés de la historia del Hotel Ritz. Hay libros que encajan con sus ediciones y ediciones que parecen hechas para determinados libros. Ese es el caso de la sublime casa Assouline, una editorial de libros lujosos sobre temas lujosos vendidos en lujosas librerías en las que, como la londinense

de Piccadilly, puedes tomar un cóctel mientras hojeas sus publicaciones, cuyo grueso papel desprende un perfume a tinta impresa tan exquisito como el más caro de los perfumes de Guerlain.

Leo mi hermoso libro a menos de cien metros del mítico Ritz de Londres, del que Sophia Loren decía que «es el hotel más romántico del mundo porque una mujer sabe que el hombre que la lleva allí la ama». En estas páginas circula de nuevo la sangre del recuerdo; vidas que pasaron dejando una huella profunda en la historia y otras que apenas nadie recordará, tejiendo todas ellas el hilo de la memoria de una Europa que se deshace, quebradiza, sin que podamos hacer otra cosa que recordarla. Los lugares, los objetos, los libros, las fotografías nos hablan con fuerza de aquellos fantasmas, advirtiéndonos una vez más de que sin sus voces las nuestras carecen de eco y que, al mismo tiempo, sin nuestra memoria, el recuerdo de esas vidas que ya son polvo y no merecen ser nada estará condenado para siempre.

No estaba construido sobre un diamante, pero casi. El Hotel Ritz de París rutilaba sobre la Place Vendôme como la estrella más brillante de una exclusiva constelación. Entre los diamantes hermosos de las más afamadas joyerías que abrían sus puertas a la plaza (Chaumet en el número 12 y Boucheron en el 26), el Ritz destacaba con un brillo que nacía de su propio nombre convertido en adjetivo, *ritzy*, por aquellos locos jóvenes desorientados y malditos que deseaban vivir tan rápido como el motor de su automóvil, impulsados inexorablemente hacia la inmortalidad.

Día a día, la historia fue llenando sus ciento cincuenta y nueve habitaciones con los secretos más valiosos de la vieja Europa; las mullidas alfombras amortiguaban el paso furtivo de los amantes, que desaparecían al amanecer, el bar era el paraíso donde nunca se ponía el sol (ni se imponía la Ley Seca) y su afamado restaurante, L'Espadon, se convertía en el lugar donde cualquier excentricidad se servía en bandeja de plata; como las conocidas pantallas de sus lámparas diseñadas en color melocotón para conseguir suavizar el tono al reflejarse en el rostro de las damas o las famosas creaciones culinarias de Escoffier evocando sutiles erotismos: las *crêpes Suzette* (amante del príncipe de Gales); las peras *belle Hélène* (la hija de un colaborador) o el famosísimo melocotón Melba, en honor a la australiana Nellie Melba, cuya voz de soprano inspiró a Auguste este plato en el que los melocotones cocidos se servían sobre un lecho de helado de vainilla en un timbal de plata encajado entre las alas de un cisne esculpido en un bloque de hielo y recubierto de azúcar glasé.

Las sabias manos de Escoffier, formadas primero en las cocinas de su abuela y después en el frente, alimentando a los hambrientos soldados de la guerra francoprusiana, pasaron por las más elegantes cocinas de la Costa Azul hasta llegar a Londres, donde encontraron el último impulso al lado de su admirado

Rudolph von Görög, chef austrohúngaro al servicio de la corte de la anciana reina Victoria. Fruto de su sabia experiencia, aquellas manos elaboraron junto a un regimiento de aprendices los platos más caros de Europa para servirlos por primera vez en la historia en un menú «a la carta» en el marco del principio inamovible de esta casa: «El cliente siempre tiene razón».

Por su parte, César Ritz, decimotercer hijo de una familia de campesinos nacido en las montañas suizas y curtido como camarero en los salones más exquisitos de Viena, la Riviera francesa y París, terminó especializándose en el universo hotelero, donde dicen que aprendió el arte de ser indispensable. De esta manera logró que durante más de un siglo (con los inevitables paréntesis de sangre de las dos guerras) bailar, beber y amar en el Ritz fuese una auténtica forma de vida a la que se podía llegar a través de diferentes estadios: el *lobby* para los que nunca se atrevieron, los salones para los observadores, el bar para los insistentes, las habitaciones para los afortunados.

El tercer hombre indispensable para dar vida a este sueño fue el arquitecto Charles Mewès, que se había inspirado para la construcción del hotel en los castillos de Versalles y Fontainebleau, decorando cada cuarto con mobiliario clásico dieciochesco estilo Luis XIV y Luis XV, monarcas todopoderosos de una Europa que hoy apenas se preocupa por citarlos en los libros de texto de sus escuelas.

Pero esa arquitectura había que vestirla, y no escatimaron en detalles: la platería venía de Christofle, la cristalería de Baccarat y los papeles de las paredes y las telas en tonos azul empolvado, gris, rosa o champán reproducían los colores de las paletas de La Tour o Nattier, ofreciendo al huésped una vida efímera en el interior de un paisaje del siglo XVIII. Un lujo sublime compaginado con normas de confort superiores a las habituales de la época: ascensor, agua, electricidad y teléfono en cada habitación, además de baño privado, camas *king size* y sofisticados clósets cuyas luces se activaban al abrirlos. Era el principio de la nueva revolución francesa; la del auge de la flamante élite del siglo xx.

Atravesar el umbral del Ritz con lecturas y memoria en el equipaje nos permite dar un nuevo sentido a cualquier recuerdo y a casi todas las imágenes: los collares de perlas sobre el negro satén; los lejanos acordes de un piano; los uniformes grises; las suaves noches; el brillo de un carbunclo azul; un trozo de magdalena en el té; las panteras de oro, un Vionnet color champán sobre una silla o el disparo de una Browning semiautomática FN modelo 1910 anunciando un nuevo mundo.

El Ritz abría sus puertas apenas acabado el viejo siglo, un primero de junio de 1898. Allí, sentado en un cómodo sillón de cuero, un joven escritor escudriñaba el incesante *ballet del tout Paris*, que luego sería una de las fuentes de inspiración para su obra *En busca del tiempo perdido*.

La *suite* Marcel Proust recrea hoy el mundo refinado del escritor con el famoso retrato de J. E. Blanche sobre la chimenea, parte de su biblioteca, sus preciados recuerdos y sus muebles de época, aunque realmente este escritor de familia acomodada era sobre todo un habitante de los salones del primer piso. Allí celebró la fiesta por su premio Goncourt y allí respondería también con tan solo diecinueve años al famoso «Cuestionario de Proust» que el libro de Assouline reproduce ampliado y a toda página.

Las malas lenguas aseguraban que el joven Marcel pagaba a los camareros para que anotaran en un cuaderno las anécdotas de los clientes: gustos, excentricidades, comidas, parejas, vestimenta, que luego él utilizaba para su literatura. Proust, quien, con su inseparable abrigo de piel, afirmaba que «mi casa es el trabajo, y los salones del Ritz son la vida», adoraba sobre todo la cerveza helada del bar, tanto que, a punto ya de dormir para siempre a la sombra de las muchachas en flor, el novelista pidió a su chófer que fuera a buscarle una botella de aquella cerveza, no queriendo morir sin haber probado esa delicia por última vez.

En la *suite* Chopin tampoco vivió nunca el famoso compositor, que murió en octubre de 1849 muy cerca, en el número 12 de la plaza Vendôme. El hotel quiso conservar su memoria en esta habitación, donde el piano silencioso y los grabados en las paredes recuerdan su legado inolvidable, así como la obra de uno de sus mejores amigos, el pintor francés Eugène Delacroix.

Durante los felices años veinte, el Ritz se convirtió en el lugar de encuentro de artistas, intelectuales y excéntricos como Luisa Casati, la riquísima amante del escritor Gabriele D'Annunzio, que se paseaba por el *lobby* con dos leopardos sujetos con correas tachonadas de diamantes.

Por aquellos años, Gabrielle Chanel y su inseparable amiga, la pianista de origen ruso Misia Sert (en quien Proust se inspiró para dar vida a la princesa Yourbeletieff y a *madame* Verdurin), encarnaban a la perfección ese codiciado *chic à la française*. En 1920 se celebrará en los salones del hotel el enlace entre Misia y el pintor español José María Sert, tercer marido de la pianista, conocido entre sus íntimos como el «Tiépolo del Ritz»; una boda que pasaría a la memoria como «La gran fiesta del Ritz», término acuñado por una de las invitadas, la bella Jeanne Toussaint, aquella joven pantera amante de Cartier.

Catorce años después del inolvidable convite, Coco se instaló en el hotel (la entrada sobre la *rue* Cambon daba frente a su tienda), dibujando, amando, diseñando y viviendo en una *suite* que amuebló con biombos, cómodas chinas, espejos barrocos y un gran sofá *en poudre*.

Durante la Segunda Guerra Mundial, el Ritz obtuvo un tratamiento favorable gracias a que Marie-Louise, que sucedió a su marido, y su hijo Charles eran suizos y, por lo tanto, considerados neutrales. Los dignatarios nazis ocuparon solo la mitad del establecimiento, ignorando que el hotel escondía, en habitaciones secretas, a aviadores aliados, fugitivos o miembros de la resistencia, una verdadera red de espías que informaba a los servicios secretos británicos. Ajena a la política de los sótanos, Gabrielle continuaba alojada allí, paseándose despreocupadamente con su amante de esos años, el aristocrático barón Hans Günther von Dincklage. Al fin y al cabo, aquella era su casa, donde (a excepción del periodo de su exilio suizo) vivió hasta su muerte, en 1971. Hoy, la *suite* Chanel, con su eterno blanco y negro, es una de las más codiciadas del Ritz.

La *suite* Windsor, por su parte, recuerda a los amantes más aristocráticos de la Europa de entreguerras: el duque de Windsor y Wallis Simpson, glamurosa *socialité* estadounidense con tanto equipaje que ya eran famosas las largas líneas de maletas Louis Vuitton puestas en el pasillo en riguroso orden. El Ritz, acomodándose a las largas estancias de sus huéspedes, amplió la *suite* hasta alcanzar los ciento sesenta y cinco metros cuadrados, y construyó en su interior el armario más espacioso de todo el hotel.

Esos años estuvieron también marcados por la visita frecuente de artistas y escritores norteamericanos que huían de la Ley Seca. Un reclamo irresistible para uno de los trotamundos más glamurosos y sedientos de la literatura, el joven F. Scott Fitzgerald. Él y Zelda, su mujer, pronto se convertirían en los nuevos anfitriones de las noches parisinas; monarcas del talento, el delirio y la autodestrucción, atrayendo a su reino a artistas, pintores, escritores y periodistas. Quizás el más sediento de todos, el risueño y listísimo Ernest Hemingway, experto en las distancias cortas, solía decir, fanfarroneando: «Cuando sueño en la vida después de la muerte, la acción sucede siempre en el Ritz».

El reportero se convirtió en inseparable de Fitzgerald, quien lo introdujo en la aristocracia, las fiestas y, sobre todo, en el bar del Ritz, donde protagonizaron centenares de anécdotas para la historia y los nostálgicos. Como aquella vez en la que una bella mujer entró del brazo de un hombre mayor en el bar donde estaban bebiendo ambos y a Fitzgerald le pareció buena idea intervenir, pidiendo a un camarero que le buscara una caja de orquídeas, y enviándosela a la mesa. La mujer, lógicamente, las devolvió de inmediato, y entonces el joven escritor, sin dejar de mirarla a los ojos, tomó una y se la comió, pétalo por pétalo. Horas después, Scott regresaba al bar con la misma mujer, a la que besaba cogiéndola por la cintura. Quienes solían frecuentar ese lugar fantaseaban con aplicar «la táctica de la orquídea».

Mucho más tarde, un mítico 20 de agosto de 1945, aquel periodista bebedor amigo del joven Scott entraba en París convertido en reportero veterano curtido en multitud de batallas, mujeres y libros. Enfundado en un traje de militar y acompañado de media docena de soldados, consideró misión prioritaria «liberar» el bar del Hotel Ritz, que había sido cuartel general de la Luftwaffe desde la ocupación alemana.

Una vez reconquistadas las posiciones, el escritor lo celebraría al más puro estilo Hemingway: con una docena de *dry martinis*, encerrado con dos chicas en la habitación ocupada previamente por uno de los oficiales alemanes. Era inevitable que aquello dejase huella y el Ritz, condescendiente y eterno, decidió cambiar el nombre a su bar, que desde entonces es conocido como Bar Hemingway.

Mucho más tarde, en 1957, con ocasión de una limpieza del sótano, se hallaron unas maletas olvidadas por Hemingway treinta años antes que contenían varios cuadernos con notas. Estos fueron editados en 1964, tras su suicidio, bajo el título de *París era una fiesta*. Aquel inolvidable homenaje a la Ciudad de la Luz no podía esconderse en otro lugar más que en el Ritz de París.

Tras la guerra vino el cine, y sus estrellas llegaron otorgando un nuevo brillo al hotel: Charlie Chaplin, Barbara Hutton, Ingrid Bergman, Audrey Hepburn, Gary Cooper, Ava Gardner, Grace Kelly y un largo etcétera de personajes alojados a veces como huéspedes, a veces como protagonistas de películas que intentaban captar sin lograrlo el peso demoledor de tanta historia, de tanta vida entre sus paredes.

Algunos de ellos se amaron en sus habitaciones, otros se abandonaron, otros construyeron personajes inolvidables en una nueva forma de literatura destinada a contar historias en las oscuras salas de un cine, pero ya nada era igual.

El lujo —me digo cerrando el libro del Ritz y mirando la exclusiva librería de Assouline en Londres— tiene ahora múltiples formas y el sentido de las cosas se diluye en la desmemoria; casi nadie recuerda ya por quién doblan las campanas; pocos evocan su infancia mirando un trozo de magdalena, ni aspiran a arruinarse frente a la ruleta de un casino junto a Gatsby, ni creen que haya casas construidas sobre diamantes.

Aunque —pienso mojando los labios en el champán helado—, hasta que todo termine, tal vez quede todavía algo de tiempo para ellos: hombres capaces de cenar un solomillo Wellington en el Grill del Savoy con la misma sobria elegancia que comerían un ramillete de dátiles en los escalones de la casba de Argel y mujeres capaces de resumir el privilegio de amar a hombres así con una frase de F. Scott Fitzgerald: «Él me hacía caminar por el campo de batalla como por un emocionante sueño».

10

Burgos:
Una isla de mujeres

Como una isla de mujeres en el centro de la cristiandad, el monasterio de Las Huelgas nació con vocación feminista. Fue la reina Leonor, su fundadora, quien puso mayor empeño en conseguir que las mujeres pudieran alcanzar los mismos niveles de mando y responsabilidad que los hombres, al menos dentro de la vida monástica. Y eso no era todo: similar a un pecio hecho de tiempo y memoria, el macizo de aspecto militar levantado sobre un prado donde holgaba el ganado, alejado de la próspera ciudad medieval de Burgos, encerraría a lo largo de su existencia mil secretos: nacimientos, coronas, damas, soldados, amoríos, lealtades, venganzas, partos, sangre, arte, muerte.

Caminando por aquellos fríos corredores jalonados de tumbas saqueadas siglos después por los soldados napoleónicos, uno no puede evitar pensar cuán alejados están ya esos hechos de la memoria de los vivos; qué misteriosa se vuelve la historia a medida que discurre el tiempo oscuro de los hombres por ella. Y precisamente eso es lo que la convierte en objetivo fascinante de algunos rastreadores de aventuras; cazadores organizados en manadas como lobos pacientes que olfatean el olvido para aferrarse a él

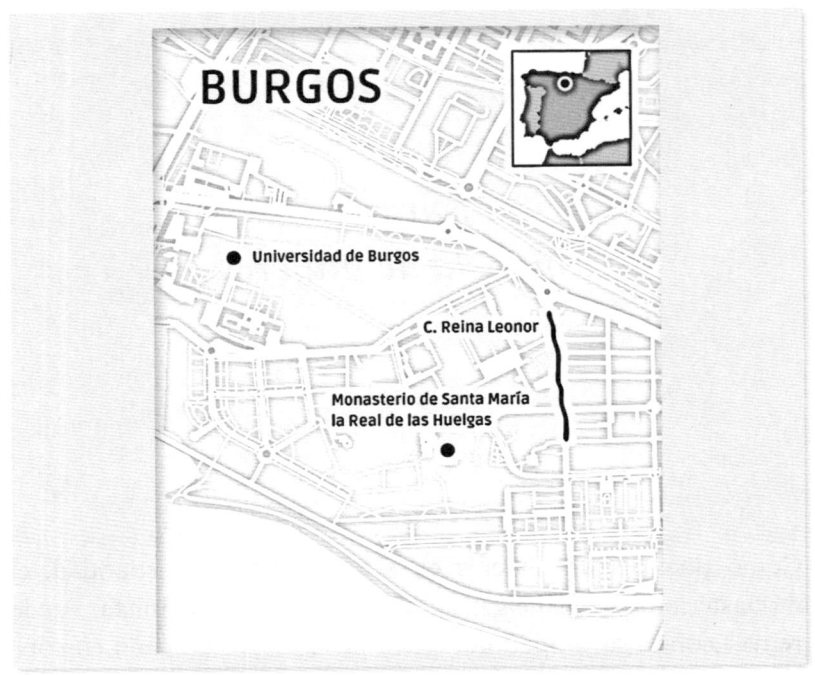

y hacerlo suyo sabiendo que es el único alimento que merece la pena en estos días de bosques helados y desmemoria.

Esa es la razón por la que nuestros pasos nos llevan hasta el dintel mismo del arco de entrada al monasterio de Las Huelgas. Aquí mandaban ellas, esas niñas que la ley de la naturaleza había antepuesto a la Ley Sálica; herederos nacidos hembra que en ciertas (y no pocas) ocasiones presentaban más dotes de mando, agallas y ambición que sus hermanos varones. Aquí aprendieron a crecer bajo el peso de la sangre real y comprendieron su importancia en el mundo, construyendo un reino libre de toda *agnación rigorosa* (vínculo de sangre trazado solo de varón en varón), bendecido por Dios y por la Iglesia, desde el que tejían y destejían (como solo las mujeres, desde Penélope, saben hacer) el tapiz del cambiante reino de Castilla.

La infanta Constanza, hija de los reyes fundadores, fue una de las primeras abadesas y, al igual que sus sucesoras, llegaría a disfrutar de una autonomía y poder tan elevados que solo estaba obligada a responder ante el papa. Como mujer no podía confesar, decir una misa ni predicar, pero era ella en persona quien daba las licencias para que los sacerdotes hicieran estos trabajos.

Tampoco, claro está, les estaba permitido participar en las ceremonias que tenían lugar entre estos muros: proclamar reyes o armar caballeros, pero ellas se sabían concebidas por la misma semilla real, así como vinculadas a hombres coronados (hermanos, padres o amantes), e incluso, en ocasiones, portadoras del secreto privilegio de haberlos parido.

A través de un dédalo de corredores, patios y bóvedas, el monasterio se abre y cierra, como un ente con vida, a las distintas funciones de sus dependencias. Estas damas blancas tenían reservada la amplia sala capitular para el encuentro y la oración. Hoy, la luz multicolor de los antiguos ventanales emplomados nos recuerda el mestizaje inevitable que articula el lenguaje de aquella España de fronteras movedizas resumidas en este monasterio: vidrieros de Anjou, alarifes de Sevilla, canteros castellanos, mercaderes textiles de Damasco, plateros flamencos, ebanistas andalusíes. Nada es tan puro y rico en Europa como la híbrida historia de España.

Pero la falsa austeridad cisterciense no ciega del todo el ojo adiestrado en las sombras de esta viajera que adivina en un rincón una pequeña tabla de estilo flamenco. En ella, la virgen extiende su manto inmaculado sobre reyes y abadesas que, arrodillados, buscan la protección de las tentaciones de los hijos de Lucifer. Uno de ellos porta las flechas de la muerte, el otro, los libros del pecado: pesados volúmenes apilados sobre el espinazo huesudo de la criatura infernal que se aleja volando por el cielo de Burgos con una sonrisa en los labios tumefactos.

El pintor se cuidó muchísimo de no dar pistas sobre los títulos: ni rastro de tejuelo o cabezadas. Solo un lomo vacío y el corte delantero de los pergaminos apretados entre las tapas de cuero. Intento acercarme más a la tabla sin levantar las sospechas del vigilante para poder fijarme en los detalles. ¿Serían estas hojas de piel o de vitela? Teniendo en cuenta el coste de la segunda, obtenida de un animal nonato y dedicada exclusivamente a códices miniados y otros libros valiosos, y dado que el diablo los arrebata de manos reales, pudiera ser. «*Elementa ad librorum pertinenta*», recuerdo, y pienso en Maimónides, aristotélico y amante de los libros, y en sus instrucciones sobre encuadernación: «Hay tres tipos de pieles: gevil, qlaf y duksustus...». Imagino a aquellos centenares de hombres silenciosos inclinados durante siglos sobre las mesas de los talleres de los monasterios como este de Las Huelgas, reproduciendo para el Dios católico el saber del mundo pagano conservado gracias al amor por la cultura de algunos pensadores herejes.

Vuelvo a mirar la tabla y no puedo evitar sentirme identificada antes con el librero de Belcebú que con los hombres y mujeres coronados capaces de cambiar la luz de los libros por la seguridad de la fe. Aunque bien pensado, Las Huelgas no fue levantado como *scriptorium* para el conocimiento de la vida, sino como lugar sagrado para la memoria de la muerte, y en eso la fe era imprescindible.

En su hermoso panteón sin biblioteca ni duda metódica, unidas por enrevesados lazos de parentela descansan, entre otras mujeres, Leonor de Castilla, reina de Aragón, y su hija Constanza de Castilla; también Berenguela de Castilla, hija de Fernando III el Santo y hermana de Alfonso X el Sabio, así como la nieta bastarda de este, Blanca de Portugal. Otro de los sepulcros corresponde al cuerpo de María Ana de Austria, hija ilegítima del, a su vez, ilegítimo Juan de Austria y, por tanto, nieta natural de emperadores. Abadesa de este monasterio a principios del XVII, fue además dama literaria donde las hubiera, pues siendo monja en el convento de Madrigal de las Altas Torres, protagonizó aquel hecho insólito junto al pastelero de Madrigal, inmortalizado dos siglos más tarde por Zorrilla en su famosa obra *Traidor, inconfeso y mártir*.

Pero también hay sitio en Las Huelgas para el descanso eterno de los hombres; los valientes y los de sangre real. Los primeros en el atrio, cuyo suelo alberga, se cree, a los caballeros muertos en la batalla de las Navas de Tolosa. Los segundos, aquellos niños tan valiosos, esperanza del futuro de los reinos de España, encarnados en deseados varones, entre los que se encuentra el joven Enrique I de Castilla, heredero de los fundadores de este monasterio, muerto por un accidente azaroso y estúpido (una teja descolgada de un edificio o una piedra vino a caerle en la cabeza cuando despuntaba ya como muchacho de trece años). Su cráneo trepanado fue guardado con desolación entre estos muros.

Igualmente, yacen envueltos en rico damasco traído de Bizancio los restos de otro infante, don Fernando de la Cerda, primogénito amado de Alfonso X el Sabio y muerto repentinamente a los veinte años.

El llanto, pienso mientras cruzo el Pórtico de los Caballeros, debió de llenar de luto con su eco estas bóvedas angevinas, mas junto a él resuena en mi memoria un grito dulce de vida, pues un niño estaba destinado a ver por primera vez la luz en una de las celdas de la torre defensiva del monasterio. Ese niño, con el andar de los años convertido en un guerrero vestido de metal, se arrodillaría bajo esas mismas bóvedas para ser armado caballero y después coronado rey con el nombre de Pedro I de Castilla, al que la historia recordará al mismo tiempo como «el Cruel» y «el Justiciero». Contradictorios o complementarios, esos dos términos dicen mucho de aquellos días y aquellos hombres.

Bajo el dintel del portón de salida, miro atrás desafiando las advertencias bíblicas. Castillos de Castilla y leones dorados Plantagenet me despiden orgullosos desde el muro. Pobre España mía: vieja, olvidada, silenciosa, dormitando cansada sobre su heroicidad y su poderío mientras el mundo, al otro lado de este arco, se abalanza a toda velocidad hacia una nueva Edad Media donde la desmemoria y el olvido serán nuestra peste negra.

11

Las piedras de Dios (I)

Madrid – Tel Aviv – Haifa – Monte Carmelo – Caná – Nazaret

Nunca fue fácil seguir los pasos de Dios. Deslumbraba cuando era presente, asombraba cuando dejó de ser aquel hombre llamado Jesús, y finalmente cayó en las lenguas confundidas de los pueblos y los siglos hasta convertirse en lo que tal vez sea hoy: el final de un camino hacia lo más valioso de uno mismo. Independientemente de creencias y dogmas, es un hecho milagroso que veinte siglos después del nacimiento de un niño en Oriente Medio muchos de nosotros sigamos sintiendo la necesidad de volver la vista a aquel lugar diminuto del planeta para buscar algo perdido allí, como si acudiéramos a una casa de empeños a recuperar aquel objeto familiar por el que apenas te pagaron nada, pero sin el que no quieres o no puedes seguir viviendo.

En la terminal 4 del aeropuerto madrileño, el vuelo de la compañía El Al de Tel Aviv se retrasa. En este caso, ese tiempo es un alivio, porque las autoridades israelíes han retenido mi documentación y equipaje para una inspección minuciosa. Parece ser que no les convenció demasiado ver un par de sellos marroquíes

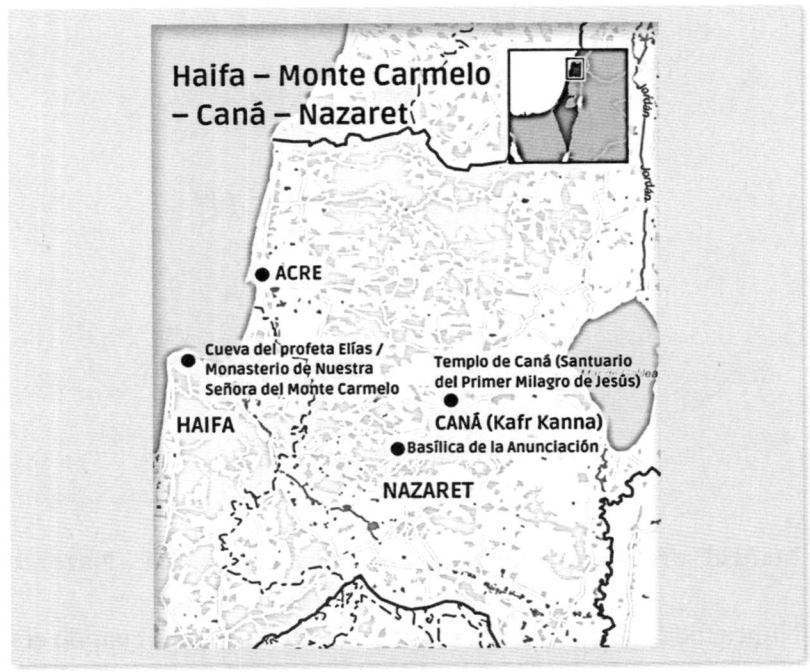

recientes en mi pasaporte. Después de un interrogatorio exhaustivo, en inglés, la chica israelí me entregó el visado.

—Gracias por todo, ha sido usted paciente con el procedimiento de seguridad. Le deseo un viaje confortable. Son las doce y treinta pasadas de la medianoche; no pierda su vuelo.

—Habla usted un español correctísimo; ¿por qué me ha interrogado en inglés?

La soldado me sonríe con cansancio.

—¿Ve aquella mujer de allá, con el auricular? Es mi jefa, encargada de registrar y corroborar los datos de nuestra conversación, y ella no habla una palabra de español.

El avión despega de una ciudad en tinieblas, y yo no puedo dejar de pensar en un destino plagado de fronteras. Despliego el mapa de un territorio que no es más grande que la isla de Sicilia, y contemplo sus límites exteriores: Líbano, Siria, Jordania, Egipto, el mar... El interior, sin embargo, es más difícil de descifrar; como si un leopardo de manchas oscuras se hubiese tumbado a dormir sobre el corazón de Israel. Es Palestina.

Amanece débilmente por encima de la costa rectilínea, y el mar se extiende, sin solución de continuidad, por detrás del cielo sobre los jardines de Haifa. Al otro lado de la bahía apenas se adivina la frontera brumosa del Líbano, y solo con imaginación podemos creer que a menos de veinte minutos de allí se levanta una de las ciudades míticas del Mediterráneo medieval: San Juan de Acre. El grupo con el que viajo desayuna, soñoliento, en un animado café de Haifa. Es viernes, pero hay algo festivo en el ambiente. El *sabbat* está próximo. Esta ciudad es de mayoría cristiana, una ciudad de gente trabajadora, de la que los israelíes suelen decir que «lo que ganas en Haifa te lo gastas en Tel Aviv y lo lloras en Jerusalén».

—Hay que darse prisa, señores. El *sabbat* es la fiesta sagrada de los judíos —el guía, de nacionalidad italiana y pasaporte israelí, lo pronuncia con una suave pero sonora *sh* inicial— y pronto todo estará cerrado.

Comenzamos, pues, por el principio, visitando la cueva del profeta Elías, cuando Dios se llamaba Yahveh y solo era una promesa incorpórea de sueño y fuego. Aquí la voz potente del Tetragrámaton venció sobre la sangre de los viejos sacrificios infanticidas del dios Baal. Protegida por una iglesia situada en el mítico Monte Carmelo, ese nombre evoca frescura y fertilidad, pues su raíz hebrea, *karem*, significa «viñedos de Dios». No era desde luego un mal sitio el elegido por este enérgico profeta para recoger las doce piedras (una por cada tribu de Israel) de su destruido altar, y volverlo a construir. Tal vez en ese gesto ancestral de amontonar piedras caídas mirando al cielo estuviese escondida la única verdad de la vieja profecía sobre el futuro del hombre y su Dios.

Durante el siglo XII, un grupo de cruzados inspirados por el profeta Elías fundó en este monte sagrado la Orden de los Carmelitas, que extendió por todo el mundo la devoción por Nuestra Señora del Monte Carmelo; la Virgen del Carmen. Por desgracia, hoy no podemos seguir las huellas de estos monjes guerreros en Acre como estaba previsto. Nos cuentan algunos locales que hacía setenta años que no llovía así en Israel. La fortaleza y el túnel de la ciudad medieval están completamente anegados. Los hombres señalan la foto de portada de un periódico: San Juan de Acre, mil veces inundada por el enemigo, resistiendo milenios en pie, es derrotada por el agua. Ponemos rumbo al este. Abandonamos la bíblica región de Fenicia para dirigirnos a la de Galilea. Allí visitamos Caná, la ciudad donde se celebraron las bodas más famosas de la historia.

Mientras las parejas del grupo renuevan sus votos matrimoniales, alcanzamos el mediodía. La voz del almuédano se multiplica sobre las azoteas entonando un cántico que hoy viernes, día sagrado de los musulmanes, es armonioso, casi dulce, muy diferente a la llamada a la oración del resto de la semana, ruda como una orden incuestionable.

Salgo al patio de la iglesia a escuchar el magnético cántico. Un viejo árabe vende zumo de granada. *Punica granatum*, recuerdo. ¡Claro! El fruto mitológico mediterráneo tenía su origen aquí, en Fenicia; *phoínikes*, la tierra púnica. «Qué importantes son los nombres para entender el mundo», le digo al vendedor que me mira sin comprender, mientras le alargo un billete que comprende perfectamente y que guarda dentro de la camisa raída con un gesto raudo y milenario. Y a pesar de conocer su importancia, el hombre no hace más que borrar los nombres de calles, libros, museos, dejando a su paso una peligrosa orfandad.

Con el sabor áspero de la granada en la garganta vuelvo al templo de Caná. Bajo una fea iglesia moderna, los restos de un ábside bizantino enmarcan la famosa «tinaja» del vino milagrosamente multiplicado por Jesús a petición de su madre. Realmente no se trata de una tinaja de barro como acostumbramos a ver en las pinturas, sino del fragmento de un cilindro de piedra horadado en el centro del suelo. En aquel tiempo, estos enormes contenedores pétreos tenían la finalidad de almacenar líquidos, pero también servían como bañera purificadora de los fieles antes de la oración. Y en las bodas, como esta de Caná, era usada para las abluciones rituales de los novios *con* agua viva procedente de lluvia, río o mar, daba igual, pues la condición era que no hubiese estado almacenada previamente.

Hoy en día el ritual ha cambiado un poco. Los novios judíos, puros o no, se casan bajo un trozo de tela a modo de tienda o protocasa sin paredes. El varón ofrece a la futura esposa un anillo cuyo precio ha debido pagar con el sudor de su frente, y ambos beben de un mismo vaso envuelto en un pañuelo, que después el esposo hará añicos bajo su pie. «Incluso en el día más feliz, estás obligado a recordar que el Templo de Salomón fue destruido». La desdicha como recuerdo inseparable de la felicidad. Bien lo debía de saber ella. Miryam, Mariam o María. La enigmática madre de Jesús. Ponemos rumbo a su tierra, Nazaret.

Oscurece sobre el desordenado paisaje que nos acompaña de Caná a Nazaret. Aún es pronto, pero en el mes de enero y en esta parte del Mediterráneo el sol cae sobre las cinco de la tarde. Recuerdo las palabras del guía:

«Cuando podáis contar tres estrellas en la tarde del viernes, sabréis que comienza el *sabbat*, que se extiende hasta la tarde del sábado. Si está nublado, como hoy, comenzará cuando no seáis capaces de distinguir el color de un hilo en el contraluz de la ventana». Bueno, para ser sinceros, hoy en día, y por si las moscas, el *sabbat* comienza con un disparo de cañón. Así todos tienen que darse por enterados. La vida se paraliza en *sabbat,* menos el amor a la mujer que no está impura, es decir, que no sangra con la menstruación. Por lo demás, son un total de seiscientos trece

Mitzvot o preceptos los que un buen judío debe acatar; algunos los acatan, otros no, otros solo un número determinado... Depende de si son askenazis o sefarditas. Pero en fin... Ellos mismos suelen decir: «Si juntas dos judíos, tendrás tres opiniones».

Miro a través de la ventanilla del autobús y solo veo oscuridad exterior. Incapaz de distinguir no el color de un hilo, sino una caravana de camellos que pasara a mi lado, abro mi libro de H. V. Morton, *Las mujeres de la Biblia*, y leo, como una premonición: «Es, en verdad, toda la femenina humanidad la que se nos presenta en las mujeres de la Biblia, sin cambios ni variaciones en el transcurrir del tiempo».

Conocida a lo largo de la historia como *En Nasira, Japhia, Mash-had, en-Nasirah, Nazerat, Nazareth de Galilea o Yafti en Nasra*, la Nazaret actual poco conserva de aquella pequeña aldea de agricultores del siglo cuarto, en la que la joven Miriam recibió la noticia que cambiaría para siempre su vida y la de la historia de la humanidad.

Nazaret se encuentra en un valle natural, el Valle de Jezreel, conocido como «Llanura de Esdrelón» desde los tiempos griegos. Este pueblecito estaba relativamente aislado en la época de Jesús y las fuentes antiguas arrojan muy poca información, con la excepción del Nuevo Testamento. Apenas se menciona este lugar, y las pocas excavaciones arqueológicas vienen a confirmar lo ya sabido: que la ciudad era solo una pequeña villa rural durante los periodos helénico y romano.

Hoy Nazaret es la ciudad con mayor población árabe de Israel, con una clara mayoría de musulmanes. Solo un cuarenta por ciento de sus habitantes es cristiano, a pesar de ser un lugar de fe y peregrinación ya desde los primeros tiempos. Nada es fácil en este territorio de religiones.

Es muy tarde, pero yo no puedo dormir. Desde la ventana de la habitación de mi hotel la impresionante cúpula de la basílica de la Anunciación, como un faro alejandrino, ilumina la noche.

Apenas unas horas antes caminábamos bajo esa cúpula sobrecogidos por las piedras de la gruta que señalan el lugar donde el ángel visitó a la joven María.

Mateo, Lucas y Santiago hablan de esta mujer en sus evangelios, así como el Corán, donde igualmente se la presenta como madre de Isa o Jesús bajo su nombre árabe, Maryam. No es fácil deshacerse de siglos de declaraciones dogmáticas marianas, pero esta tarde, mientras caminaba entre aquellas piedras o trataba de imaginar a la atareada pareja de esposos, los concilios y sus ecos perdían cualquier valor, todo era mucho más sencillo, y el recuerdo de aquella chica asustada por la suerte de su vientre abultado, como yo misma lo estuve cuando supe que estaba embarazada, me devolvía con claridad el eco de aquella oración: «*Sub tuum praesidium / confugimus / Theotoke*», la versión más antigua del *Salve Regina*.

La voz dulce del almuédano cruza la noche. El *tilawa o* «canto sagrado» que escapa de sus labios es una de las bellas artes del mundo musulmán, y no puedo evitar admirar la memoria del hombre que reproduce sin dudar las 6236 *aleyas* del Corán al otro lado de mi ventana. Yo apenas he podido pronunciar cinco palabras en latín dedicadas a la asustada María de la Biblia. Por cierto, que no está de más recordar que aquel arcángel Gabriel de la Anunciación cristiana es el mismo Ǧibrīl que ocho siglos después revelará a Mahoma la palabra de Allāh para el Corán. Todo termina conectado en el reino de los libros.

Antes de apagar las luces oigo un sonido seco que recorre la calle desierta. Tatata. Tatatatata. Un rumor de voces sofocadas y luego el silencio. Aprieto el *off* del interruptor y a oscuras me asomo a las sombras, sabiendo que no debería hacerlo. No hay nada, así que vuelvo a la cama. Esa noche, en la vieja ciudad de la Anunciación del ángel del Señor a la Virgen María, sueño con un futuro de soldados muertos en las interminables guerras de Dios.

12

Las piedras de Dios (II)

Monte Tabor (Cuernos de Hattin) – Monte de las Bienaventuranzas – Tabgha – Lago Tiberíades

Abandonamos Nazaret y ponemos rumbo a las poblaciones que se bañan en el mar de Galilea. Allí, en unos pocos kilómetros, Jesús de Nazaret sembró la semilla de una nueva humanidad.

Amanece dulcemente, sin bruma, mientras el autobús pone rumbo al Monte Tabor. Afuera, el manto pétreo del valle se encorva de repente y se divide en dos suaves picos casi gemelos. «Eso que ven ahí es Kûrun Hattîn, señores», exclama el guía con entusiasmo. Pero a las cinco y media de la mañana su público no está para batallas y el guía, curtido en muchas de ellas, no insiste. Sonrío pegando la nariz al cristal helado de la ventanilla.

Dios mío. Estamos cruzando por entre los mismísimos Cuernos de Hattin, atrás quedaba Séforis, el último refugio de los cruzados antes de emprender la marcha hacia el mar de Galilea, donde el agua que sostuvo los pies de Jesús no les habría saciado de las ansias de venganza, pero sí de la terrible sed que los mató. Aquel día 3 de julio de hace ocho siglos, presionado por Gerardo de Ridfort y por el villano Reinaldo de Châtillon, el

rey de Jerusalén, Guido de Lusignac, se dirigió hacia el este con un ejército de caballeros sedientos, sucios de polvo y cansancio, recorriendo a pie las seis horas que los separaban del final del sueño de Tierra Santa, dejando tras de sí un reguero de caballos muertos. Saladino, ese poderoso general al que ni Dante pudo enviar al infierno, los hostigaba con una estrategia propia de un gran cazador del desierto: acosando la retaguardia de sus presas con cinco mil arqueros montados, empujaba a estos hacia el valle desierto, donde la sed les mostraba falsos espejos de agua al otro lado de la celada.

El frescor de la noche era la esperanza de los caballeros, pero Saladino no tuvo piedad: prendió fuego a la maleza por el lado norte de modo que el viento deshidrató aún más las gargantas, llenando de humo el campamento. Los tambores y risas saciadas de los musulmanes atronaron bajo la luna, impidiendo el descanso de los templarios que, al amanecer, apenas tenían fuerzas para sostener la armadura. Sin embargo, el general sabía que esos doce mil soldados de Dios componían uno de los más formidables enemigos con los que tuvo que enfrentarse jamás así que, impasible, los acorraló como a perros sedientos atrayéndolos hasta los Cuernos de Hattin. Bajo un sol implacable, desorientados, cercados por veinte mil infieles, los cruzados defendieron, exhaustos, su vida como si cada uno de ellos llevase una astilla de la Vera Cruz clavada en el corazón.

Al final del día, con la mitad del ejército huyendo hacia el norte junto al traidor Raimundo de Trípoli, los viejos caballeros leales al rey cargaron contra el enemigo primero a caballo, después a pie junto a la infantería hasta que no fueron más que un puñado de fantasmas sedientos bajo la cota de malla, reservando sus últimas fuerzas para seguir defendiendo aquel trozo santo de madera.

Al caer la tarde, bajo el bello damasquinado de la tienda del general victorioso, aún hubo tiempo para el último gesto de honor: Saladino, el poderoso rey de Egipto, tendió un vaso de agua fresca a Guido de Lusignac, el derrotado rey de Jerusalén, en señal de respeto y admiración por el adversario, mas este, sin retirar la mirada de su enemigo, se lo pasó intacto a Reinaldo de Châtillon, al que Saladino y muchos cruzados despreciaban por sus innumerables villanías cometidas durante casi treinta años de medrar en Tierra Santa. Saladino no mudó el gesto al hablar: «No es costumbre de reyes matarse entre sí, pero Reinaldo ha sobrepasado los límites, por eso será el primero en morir».

La muerte de Châtillon precedió a la del resto de los templarios, ejecutados con la última luz de la tarde. Sus cuerpos sin enterrar se pudrieron, ya sin sed ni cansancio, sobre las piedras de este valle que ahora atravesamos. Miro a mi alrededor como si despertase de un extraño sueño. Casi todos mis compañeros de viaje duermen y los Cuernos de Hattin han quedado muy atrás. Ahora, en el horizonte cercano, brilla dorado por el mismo sol de aquel lejano día el ancestral Itabyrium, el Monte Tabor, Jebel a'tur en árabe o Monte de la Transfiguración para los cristianos. Con un poco menos de seiscientos metros sobre el nivel del mar, el monte brinda un estrecho ascenso elíptico que hacemos en varios microbuses alquilados a los beduinos del desierto de Néguev, quienes ahora controlan con éxito este negocio desde que, años atrás, el Gobierno israelí les proporcionara las facilidades necesarias para que dejaran los asentamientos nómadas que perlaban de tiendas de raída tela negra, mulas desnutridas y niños llorosos todo el valle.

Al chófer árabe de nuestro microbús le falta el brazo izquierdo. Con el derecho sostiene el móvil mientras mantiene una acalorada discusión con alguien al otro lado de la línea, cambia de marchas y evita los precipicios que tras cada curva nos recuerdan la vulnerabilidad de la vida, poniendo a prueba nuestra fe a medida que se acerca el final del recorrido. En el *parking* de la cumbre del Tabor, donde el taxi finalmente nos deja sanos y salvos, la certeza de la existencia de un Dios protector es tan evidente para nosotros como lo fue hace tres mil años para los tres asombrados discípulos de Jesús, quien, transfigurado en una luz cegadora, les reveló la Gran Verdad en este mismo lugar.

Los evangelios sinópticos coinciden en la descripción de los hechos y las palabras de aquel momento, cuando por fin el padre se decidió a reconocer públicamente a su vástago: «Este es mi hijo amado, en quien yo estoy complacido». A partir de aquel día, Jesús comenzó a ser el *Christós*; el *Mashiah*; el *Ungido*, y Yahvé dejó de ser la terrible voz tronante y vengativa del Antiguo Testamento acercándose a la humanidad con una frase robada de la boca de los hombres, para que estos pudiesen entenderle con facilidad. Porque ¿qué ser humano con descendencia no ha sentido latir en la garganta esas mismas palabras a los pies de la cuna de su hijo dormido, delante de su cadáver de un joven guerrero o en el sofá de casa, con las excelentes notas del instituto en la mano? «Este es mi hijo, mi orgullo, mi estirpe; la parte de mi yo que se quedará entre vosotros cuando desaparezca».

La Basílica de la Transfiguración es una iglesia franciscana que Barluzzi, el arquitecto oficial de Tierra Santa, levantó con desafortunado esfuerzo estilístico, sobre restos cananeos, bizantinos y cruzados, pero, como casi siempre ocurre en esta tierra, lo fascinante nunca está dentro, sino fuera.

Deslumbrada por la mañana añil, busco inútilmente la divina nube de Mateo 17, como si el cielo fuese un *tell* por excavar. Abajo, la llanura apocalíptica de Armagedón, donde tendrá lugar la batalla del Fin de los Tiempos, se extiende inmutable y dorada como el manto de un profeta. El Antiguo Testamento la cita sin nombre por primera vez en Gn. 17, 16. Era *La Llanura* por excelencia, llamada luego Yezrael, que significa «Yahvé sembró», aunque, pensándolo bien, la única siembra fértil fueron los huesos de guerreros matando y muriendo durante milenios sobre esta extensión infinita revelada como *Esdrelón, Yezrael, Beisán, llanura de Samaria* o *Meguido*.

En el siglo II d. C., la *Legio VI Ferrata* acampó cerca, recibiendo en dote el territorio. Esdrelón se convirtió desde entonces y durante todo el periodo bizantino en el *Campus Marinus Legionis* y no por capricho; *Tel Megiddo* era una ciudad estratégicamente indispensable, situada en la cabeza del paso a través del Monte Carmelo, cresta que dominaba el valle de Jezreel desde el oeste. Quien controlaba Meguido controlaba las caravanas que pasaban por la mítica *Via Maris,* una ruta comercial existente ya desde la Edad de Bronce, que unía Egipto con los imperios del norte de Siria, Anatolia y Mesopotamia.

Cuando Napoleón se asomó por primera vez a este valle de *Har Megiddo*, en el mismo lugar donde yo estoy ahora, lo describió con su ojo infalible como el *«campo de batallas más natural de toda la faz de la tierra»*, pues los ejércitos podían maniobrar fácilmente en sus inhabitadas llanuras. No le faltaba razón. De hecho, si uno presta un poco de oído en el silencio azul, es capaz de recordar el clamor de la batalla de Meguido, la primera de la que existe documentación histórica, narrada con todo lujo de detalles en los jeroglíficos de los templos de Amón en Karnak y Tebas en Luxor, por el hábil cincel del escriba militar Tjaneni, allá por el siglo XV a. C.

El guía se acerca al borde del valle. «Todos se hacen fotos en este bello paisaje. ¿Quieres que te haga alguna?», me pregunta, profesional, con su fuerte acento de Liguria. Sonrío, distraída. «No, gracias», le digo concentrándome en el horizonte. Pero el guía no se mueve de allí. Al cabo, como si esperase desde el otro lado de la llanura alguna señal, me susurra enigmático: «*Y en aquel día habrá gran llanto en Jerusalén, como el llanto de Hadadrimón en el valle de Meguido*».

No lo vi marchar, pero juraría que sonreía mientras caminaba a paso ligero hacia el autobús, como un nuevo profeta Zacarías saliendo, triunfal, de Babilonia.

A medida que nos acercamos al Monte de las Bienaventuranzas, el paisaje árido se metamorfosea, al otro lado de la ventanilla, en paraíso fértil. En apenas veinticinco kilómetros, las piedras, como en un milagro bíblico, se han transformado en frutas y flores: mango, aguacate, fruta de la pasión, palmeras y olivares llenan de color tropical el camino que termina sobre la chata colina de las Bienaventuranzas, donde los plásticos de los invernaderos brillan con un resplandor polvoriento bajo el sol de la mañana. Unos setos cuidadosamente recortados en latín nos desean *Pax et Bonum*, el lema y distintivo de los hijos de san Francisco.

«*Shalom y tôb*», nos recuerda el guía citando la Biblia y, como si leyera nuestros pensamientos, nos informa de que en la pequeña cafetería del recinto se sirve el mejor expreso de todo Israel. Agradecida, con la bebida caliente entre las manos, paseo por aquel milagro verde tapizado de anémonas y lirios. Solo Dios sabe si realmente fue este lugar en concreto el elegido por Jesús para lanzar aquel mensaje, pero desde hace más de mil seiscientos años los peregrinos se acercan hasta aquí creyéndolo, y eso es más que suficiente. Me siento en un banco a la sombra de unas buganvillas mirando el octógono simbólico que Barluzzi construyó a modo de iglesia costeada por Benito Mussolini allá por los años treinta. Pienso en la geometría de los griegos, que explica el mundo, y en las palabras pronunciadas aquí por Jesús, que lo ilumina: «*Bienaventurados*»; *ašrê*, en hebreo, hijo del término μακάριος, *makarios*, tan bellamente usado en la tragedia griega para hablar de los dioses, los héroes y los muertos.

El *Sermón de las bienaventuranzas* quizás sea el más hermoso, emocionante y revolucionario de toda la vida de Jesús porque fue, y sigue siendo, radical en su concepto. Nadie había hecho algo así nunca hasta entonces; nadie había usado aquel término, μακάριος, *makarios*, referido al hombre y su humana desesperación. La de Jesús no fue una revolución activada desde abajo, sino decretada desde arriba. Fue batallador y polémico cuando lo creyó necesario, pero no instigó a la rebelión de las clases bajas, pues lo que vino a anunciar era algo muy distinto: la subversión por parte del mismísimo Dios.

La propia geología del territorio donde predicó Jesús es subversiva en sí misma, ya que altera el orden pétreo del entorno, abriéndose en heridas de agua, como el sorprendente lago Tiberíades, o mar de Galilea, que baña el lugar llamado por Flavio Josefo «el manantial de Cafarnaúm»; el lugar de las «*Siete Fuentes*»; *Heptapegon* en griego, del que deriva su nombre árabe actual: Tabgha. En esta tierra, la toponimia también es arqueología.

Allí nos dirigimos, a contemplar el sitio de la multiplicación de los panes y los peces. Me fascina la manera en la que los hechos bíblicos se enroscan dulcemente con la ciencia: las siete fuentes que emergieron en Tabgha (hoy solo seis de ellas se han descubierto) concentraban aguas más cálidas que las del lago, lo que ayudó a la producción de algas, que a su vez desarrolló un banco de vida marina; un foco de trabajo para los pescadores de la zona durante miles de años. Tal vez fuera ese el milagro real de los panes y los peces.

La visita de la actual iglesia debe hacerse sin levantar los ojos del suelo; pisando los mosaicos bizantinos plagados de extraños anátidos y plantas palustres hasta llegar al altar, donde la representación de un *nilómetro* nos certifica el origen egipcio de estas teselas. Junto a él, la canasta de los panes y los peces se hace casi innecesaria. ¿Cómo no creer en milagros multiplicadores en mitad de este paraíso fértil?

Aquel día casi todo el grupo almorzaba pescado, el sabroso pez San Pedro, con su ancestral sabor a limo y brasas, y al caer el sol caminábamos satisfechos y emocionados, como antiguos pescadores, hacia las orillas del Mar de Galilea.

13

Las piedras de Dios (III)

Tiberíades – Cafarnaúm (Altos del Golán) – Frontera de Israel con Jordania – Monte Nebo

La Reina de Saba nos espera al final de un estrecho muelle de tablas. Me parece un nombre más que apropiado para la embarcación encargada de llevar al grupo al centro mismo del lago al que antes de Tiberio los pescadores llamaban Kinéret (Genesaret), debido a que sus orillas se conformaron como un enorme *kinnor* o lira. O tal vez la musicalidad dulce de su oleaje, con notas inesperadas de temporales traicioneros a modo de espejo a escala del Mediterráneo, fuesen la razón escondida de este hermoso nombre.

En sus cincuenta y tres kilómetros de costa se concentraron los años más conocidos de la vida de Jesús de Nazaret: sus amigos, sus milagros, las numerosas curaciones que realizó entre las gentes de estas tierras, sus palabras, su amor, sus desengaños y la intuición de su cercano final. Y si es cierta la hipótesis del médico francés Jacques Benveniste de que «el agua tiene memoria», la de este lugar es definitiva para conocer nuestra historia.

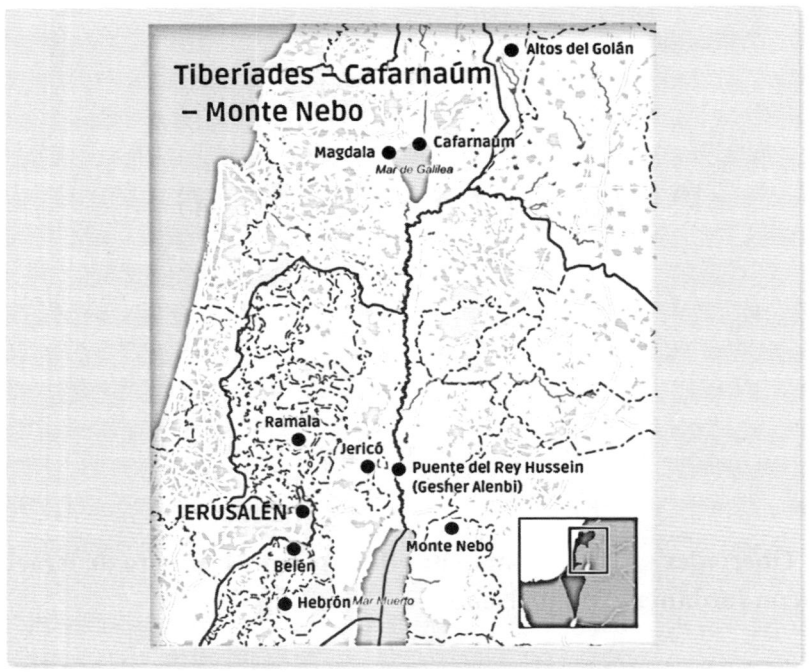

El piloto de la embarcación, forjado en milenios de turistas de paso, sube la música unos decibelios más, llamando al reencuentro del grupo, que, disperso, se fotografía, baila y ríe con felicidad contagiosa sobre la plancha metálica de la cubierta. Apoyada en la barandilla de estribor, miro cómo el sol desciende pesadamente, sin prisas, sobre las aguas mansas. Pienso en las palabras de Marcos 4:41 describiendo la terrible tormenta que Jesús apaciguó: «¿Quién es este, que aun el viento y el mar le obedecen?». Perplejidad y curaciones. Quiero pensar que en esta tierra singular no existen las coincidencias, y por eso tal vez Maimónides eligió para su descanso eterno la ciudad de Tiberíades, que ahora contemplo en sombras por detrás de la luz rojiza del atardecer.

El sabio andalusí, conocido aquí por su nombre hebreo, *Moshé ben Maimón o Rambam*, tuvo que huir de su Córdoba natal para salvar la vida, que empleó en escribir el *Dalālat al-ḥā'irīn* o *Guía de los perplejos,* en la que afirmaba, como un eco de la tarea sanadora que Jesús emprendió trece siglos antes en este mismo lugar, que «atender a los enfermos es casi un mandato religioso, pues solo aquel que está sano será capaz de trabajar para santificar el universo». Esas palabras hicieron que el general Saladino lo nombrara su médico personal en Egipto, y además tuvieron el poder, junto al resto de su obra, de cabalgar sobre los siglos iluminando el pensamiento cristiano de Occidente gracias a hombres que lo rescataron de las bibliotecas y del olvido: santo Tomás de Aquino y san Alberto Magno, entre otros.

Sobre las piedras negras y crujientes de las orillas del Genesaret se conservan hoy otras ciudades estrechamente vinculadas a la vida de Jesús de Nazaret. Cafarnaúm, a donde nos dirigimos ahora, y Magdala, por la que pasaremos sin detenernos. Eso me entristece, porque me gustaría pisar el lugar donde habitó aquella mujer singular: la *discípula amada*. Enigmática y compleja de entender, como toda gran pasión, María de Magdala merecería una historia aparte de este viaje y estos recuerdos.

«¡Dense prisa, señores!», nos pide, apresurado, el guía. «O nos cerrarán las puertas de *Cafarnajum*». Y lo pronuncia así, con la dulce «h» hebrea aspirada en una «j» inolvidable. Kəfar Nāḥūm, «el pueblo de Nahum», es hoy un complejo arqueológico custodiado por franciscanos. Se nos ha hecho tan tarde que, si fuese *sabbat,* estaríamos a punto de contar las tres primeras estrellas sobre el mar de Galilea, pero aún tenemos un poco de tiempo.

El grupo contempla, enmudecido, la belleza del lugar envuelto en una luz dorada y ondulante que parece emanar de las orillas del lago. Como en un escenario de tragedia griega, las piedras de la sinagoga resplandecen en varias hileras de potentes columnas coronadas de corinto, levantadas en el siglo IV sobre el oscuro basalto de la sinagoga primitiva. En ella Jesús pronunció el *Discurso del Pan de la Vida* escandalizando a tímidos y pusilánimes: «*Porque mi carne es la verdadera comida y mi sangre la verdadera bebida*». Nadie lo entendió, ni siquiera sus amigos. «Muchos de sus discípulos se volvieron atrás y ya no andaban con Él», y Jesús, envuelto en esta misma luz mortecina como una premonición, comenzó a sentir aquella previsible, lúcida soledad que lo acompañará hasta el final de sus días.

Pero, me digo, quizás hubiese algún detalle que los evangelistas callaron en sus escritos, y me gusta pensar que quizás aquella tarde ella acudió desde la cercana Magdala para escuchar, como solía hacer, sentada entre la muchedumbre, sus palabras: «El que come mi carne y bebe mi sangre permanece en mí y yo en él». Tal vez esa mujer sí entendió. Y se miraron. Y él supo que no todo estaba perdido.

El franciscano que custodia la puerta nos espera con mal disimulada impaciencia. En sus manos sostiene una maceta de barro con florecillas refulgentes como pequeñas lenguas de fuego. «A los padres les gusta cultivar las *crocus flavus*», nos indica el guía, adelantándose a la pregunta. «Son las flores típicas de esta parte del Mediterráneo y en apenas un mes florecerán, salvajes, tapizando los Altos del Golán. ¿No han oído hablar del *amarillo Golán*? Pues es por esta fragante flor del azafrán».

Qué curioso. En mi imaginario, los Altos del Golán son un territorio apenas entrevisto en los telediarios, vinculado a acuerdos fallidos; titulares, invasiones, proyectiles *Kornet*, guerra de los Seis Días y primaveras árabes. Lo imaginaba como un suelo rojo sangre, nunca amarillo azafrán.

El guía sonríe, cansado. «Las guerras en esas montañas fronterizas son tan viejas como la Biblia. Sirios e israelitas ya se enfrentaron nueve siglos antes del nacimiento de Jesús en el Golán, una meseta impresionante de milenaria actividad volcánica, que se eleva bruscamente desde la llanura. Los soldados del rey Ajab (esposo de la reina Jezabel, la Cleopatra fenicia), se movían bien entre picos, cañones y barrancos, pero no así los del enemigo sirio, que solo deseaba arrastrarlos a luchar en los valles». Me muestra un texto en su pantalla del *smartphone*:

> *«El Dios de ellos es un dios de la montaña; por eso han prevalecido sobre nosotros. Pero si les damos batalla en la llanura, ¿no vamos a ser más fuertes que ellos? Organiza un ejército como el que has perdido, con tantos caballos y carros como aquellos. Les daremos batalla en la llanura. ¿Y no vamos a ser más fuertes que ellos?».*

«Me temo que el deseo de los sirios no se cumplió. Lucharon en las montañas del Golán y perdieron una vez más frente a los israelitas». El guía apaga el móvil, devolviéndonos a la oscuridad. Luego dice pensativo, como para sí: «Estas palabras del *Libro de los reyes* me parecen casi tan hermosas como las del *Libro de las Galias* de Julio César».

Caminamos a través de la helada noche azul hacia el autobús. Hay hombres que no pertenecen al grupo al que parecen pertenecer y al final les termina delatando su mirada antigua, inconfundible, que se adelanta trescientos metros al resto de los mortales.

Para llegar a ver la tierra prometida, tenemos que pasar, como aquellos hebreos del *Éxodo*, nuestras propias fronteras. En este caso, el cruce de Israel a Palestina lo realizamos por el puente del Rey Hussein y en línea recta por el desierto de Judea vamos siguiendo el curso del río que separa de forma natural el territorio. Este puente Allembey o *Gesher Alenbi* sobre el Jordán (donde está prohibido hacer fotos) es el último punto entre una tierra y la otra. Un rosario de ciudades claves en la historia (Jericó, Ramala, Jerusalén, Belén, Hebrón) que están unidas por este puente por donde pueden cruzar palestinos y turistas extranjeros, pero no israelíes. El paso, tedioso, incierto y tenso, nos devuelve a la única realidad posible: la certeza de que no hay nada como cruzar fronteras en Oriente Medio para darse cuenta de lo afortunados y estúpidos que somos en Europa.

«*Montañas, valles y nubes*» puede ser la descripción más sencilla y perfecta de la tierra prometida que se puede contemplar desde la cima del monte Nebo. Allí, el grupo liderado por nuestro guía y yo misma hemos estrenado el nuevo día, pero pienso que las cosas no debieron de quedar muy claras para aquel otro grupo bíblico. Imagino la escena: Moisés con los brazos en cruz abarcando el territorio, ante aquel campamento de refugiados de la Antigüedad. Imagino a los quejumbrosos hijos de Israel escrutando, incrédulos, este valle del Jordán que ahora contemplo, eternamente cubierto de nubes debido al agua condensada del cercano mar Muerto, intentando divisar algo parecido a un reino. «*¿Por qué nos hiciste subir de Egipto para que muramos en este desierto? Que ni hay pan ni agua, y nuestra alma tiene fastidio de este pan tan liviano*».

Ni siquiera la serpiente curadora, con su brillo de bronce bajo el sol, les sirvió para la esperanza y la fe, y Moisés, el Moshe Rabbenu, líder espiritual de las tres religiones, cansado de interceder ante Dios por este pueblo egoísta, murió centenario y en paz, sobre las arenas del valle. Quiero pensar que, en la última hora, Yahvé recompensó tanta lealtad acomodando sus viejos huesos sobre una cálida duna, devolviendo así al profeta el recuerdo de aquella cuna de juncos que, movida por las aguas del Nilo, consoló su primer llanto. La muerte, estoy segura, lo encontró sonriendo.

14

Las piedras de Dios (IV)

Madaba – Río Jordán – Jericó – Mar Muerto

> «*Although I've traveled far
> I always hold a place for you in my heart*».
> —The Promise, Tracy Chapman.

La visita a Madaba fue fugaz. La tarde, muy fría, nos envolvía en un cielo de jirones malvas mientras caminábamos buscando la iglesia de San Jorge. En el pavimento del ábside, abrigado por lámparas de incienso, se conserva el mosaico del primer mapa de Tierra Santa: una especie de instantánea bizantina de Jerusalén con un trazado aparentemente subjetivo, casi infantil. El grupo, un poco decepcionado con aquella visita donde lo único interesante era un fragmento mutilado de mosaico en el suelo, se dispersa. Algunos decidieron ir a comprar baratijas en las tiendas de la calle, y unos pocos nos refugiamos del frío en un café cercano. El único que encontramos abierto a aquellas horas era un lugar estrecho que daba a un *parking* exterior. Mientras apuraba mi taza, miraba distraída el ir y venir de los coches y motos

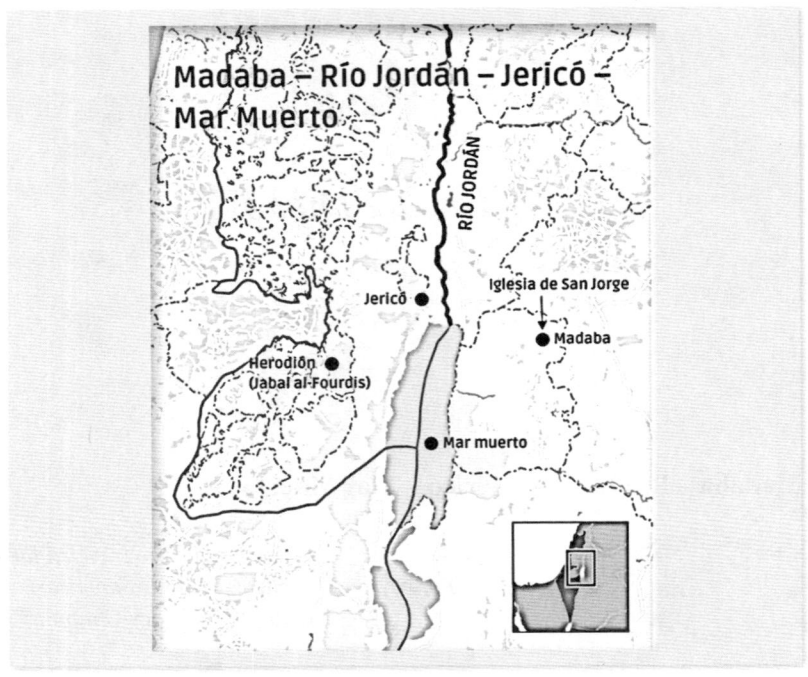

que iban sucediéndose en el turno de aparcamiento como piezas de un puzle complejo. Pensaba en el mapa de Madaba hecho de teselas rotas y casi indescifrables sin una utilidad aparente hoy en día, y que, sin embargo, cumplió con su función incluso catorce siglos después de haber sido creado, pues guio con precisión de GPS al grupo de arqueólogos que en 1967 excavó el barrio judío de Jerusalén sin más referencias que este mapa, encontrando la Iglesia Nea y el *Cardo Maximus* exactamente en el mismo lugar en el que se indicaba en el mosaico de San Jorge.

Sonrío pensando en la cantidad de misterios que siguen estando delante de nuestras narices, cuando algo llama mi atención en el exterior. Me asomo. Un anciano con chilaba y turbante entra en el *parking* a pie llevando una cuerda atada a un camello que lo sigue con docilidad de perro faldero. Con soltura, amarra la cuerda a un saliente de hierro, le hace un gesto al animal y este, obediente, tras ocupar una de las plazas destinadas al aparcamiento de coches, cruza las piernas y se acomoda en el asfalto. Con la naturalidad del que repite este gesto cotidiano, el anciano se aleja calle arriba y la noche, ajena a los mosaicos, los mapas y la arqueología, cae finalmente sobre Madaba.

La mañana siguiente se alzó prometedora. Flotaba una especie de felicidad abstracta en el grupo, como si sus miembros compartiésemos el secreto de una *buena nueva*. Puede que influyese el sol radiante o quizás la calidez del clima, cada vez más templado a medida que nos acercábamos al río Jordán. O tal vez es que sabíamos que íbamos al encuentro del bautismo, un ritual de agua que los cristianos llevamos enlazado a la fe, pero sobre todo a la infancia: a la primera luz de la vida; a la importancia sagrada de ser por fin nombrados.

El autobús corre paralelo al desierto de Judea. Un muro kilométrico de hierros retorcidos y puntas de acero deja claro su reciente pasado militar. «Al otro lado de las concertinas», nos advierte el guía, «el suelo está sembrado de minas».

El río Jordán había crecido con las lluvias torrenciales de las últimas semanas, transformando su tradicional aspecto de arroyo en un imponente torrente. La señal fronteriza, casi hundida en mitad del cauce, había perdido toda capacidad disuasoria. El agua hacía hoy invisibles las fronteras como una lección que el hombre sigue siendo incapaz de aprender. En una orilla, Israel con su baptisterio de piedra, su campanario y su plataforma de troncos. En la otra orilla, Palestina, donde una larga fila de peregrinos, entre los que nos encontramos, espera su turno al pie de las escaleras que descienden hasta los márgenes embarrados para recibir la bendición de sus aguas. El bullicio es ensordecedor; la gente ríe, habla, grita o canta en al menos quince idiomas diferentes mientras unos obreros se afanan, con estruendo, en fijar un banco de hierro al suelo bajo la sombra de una palmera. Aquel escenario no es, como uno se imagina, el lugar del encuentro entre Jesús y su primo *el Bautista*, desde luego.

Suspiro mirando la larguísima fila de gente que espera su bautismo y trato de entender sus motivos. Por qué, después de tres mil años de memoria, después de Da Vinci, de Newton, de Freud, de Nietzsche, de Max Planck, millones de personas vienen hasta aquí cada año esperando el turno para que les mojen la cabeza con un poco de agua turbia. Recuerdo algo que acabo de subrayar en el libro de Küng: «El Cristo del cristianismo no es simplemente una idea intemporal, un principio de validez eterna ni un mito. El cristianismo se basa esencialmente en la historia, y la fe cristiana es esencialmente una fe histórica».

Historia, fe y la arqueología como aval. La mezcla era tan buena que fraguó enseguida, y se convirtió en la potente argamasa de Occidente. Me pregunto si bajo el peso de esta veloz desmemoria aguantarán mucho más sus resquebrajados cimientos.

Llegamos hambrientos a Jericó. El sol continúa bendiciendo esta parte de Tierra Santa con una calidez inesperada para el mes de enero. La ciudad más antigua del mundo es hoy una gran extensión de villas independientes donde viven muchos de los ciudadanos que trabajan en Jerusalén, debido a que esta se encuentra a menos de quince minutos en coche. Frente a la incómoda vida urbana, sus altos precios y las masas de turistas, Jericó ofrece la tranquilidad de una casa cómoda con jardín y piscina por menos de lo que cuesta un apartamento de setenta metros cuadrados en la gran ciudad.

«Jericó es hoy una ciudad de paz», nos informa el guía. «Son tolerantes hasta con los israelitas».

Ponemos rumbo al sur siguiendo el curso del Jordán y adentrándonos en el desierto de Jericó. En estos primeros días de un enero lluvioso, la tierra presenta un aspecto inusualmente fértil, con sombras verdes que cubren las colinas y que me hacen recordar unos versos: «Toda carne es hierba, y todo su esplendor es como flor del campo». Podrían ser las palabras de Epicuro si no fuese porque las escribió, cuatrocientos años antes, mirando este mismo desierto, el profeta Isaías.

Observo cómo el pasto fresco parece detenerse, temeroso, en las orillas de un montículo amarillo de aspecto siniestro, más elevado que el resto. «Esa elevación con forma de túmulo», explica el guía, «es Jabal al-Fourdis; *la Montaña del Paraíso*, llamada por los cruzados *Monte Franco* y conocida por todos nosotros como *Herodión* porque ahí se alzaban el palacio de Herodes el Grande y su tumba. Un lugar de memoria maldita; la de él y la de su hijo, Herodes Antipas, "ese zorro"».

Si esas piedras hablaran, contarían la sangre de los inocentes; el grito de sus progenitores; la mirada cautivadora de una princesa; la cabeza cercenada de un hombre presentada en bandeja de plata; la agonía de un rey atrapado en su propia carne putrefacta; la ejecución del Mesías; la ambición de una reina; la deportación y la muerte en las lejanas colonias hispanas. Historias de una plasticidad tan terriblemente seductora que solo podían concebirse en Oriente.

Como si quisiéramos limpiarnos de aquel horror bíblico, volvemos la vista al horizonte donde brilla, lejana, una constelación de luces acuáticas. La sal de la tierra se ha ido acumulando en ese mar hasta asfixiarlo. No hay ninguna duda: nos acercamos al paisaje lunar del mar Muerto.

El hotel pone al servicio del cliente un transporte privado para cruzar los escasos metros que hay que recorrer hasta llegar a la playa y allí nos dirigimos. La bruma que levanta la salinidad sobre aquel desierto comienza a disiparse, y el grupo, alegre, se embadurna con el barro milenario en una fuente cercana. Sus risas llenan de vida esta desolación ocre y apocalíptica. El sol brilla tembloroso en un cielo sin pájaros, y una especie de campana de vacío cubre nuestras voces. La muerte manda allí, y el agua, al entrar en ella, te recibe con la resistencia de una musculatura invisible que impide que avances, que te tumbes, que nades, que te muevas, jugando a elevarte por encima del borde líquido del mar.

Atrapada en la superficie, siento el vacío de saber que floto sobre el agujero más profundo de la Tierra. Me asfixia esta pompa de mercurio y salgo de ella como quien regresa del averno, clavándome la dureza ovalada de las rocas de la orilla. Una de ellas me ha abierto una pequeña herida en el pie que hierve al contacto con la sal. Esa piedra brillante posee un raro magnetismo, y por eso la guardo entre mis cosas antes de salir de allí. Cojeo de vuelta a la mole anacrónica del hotel con la precaución bíblica de no mirar atrás y con la certeza de que, en algún momento de la historia, el hombre olvidó su unión sagrada con la naturaleza. Lo peor de todo es que también olvidó el camino para entender a Dios.

15

Las últimas piedras de Dios (y V)

Belén – Betania – Cruzamos la frontera de vuelta a Israel – Final del viaje: Jerusalén.

Belén y Betania son las dos ciudades santas que visitaremos en territorio palestino. Luego volveremos a cruzar la frontera por última vez y pondremos rumbo a Jerusalén, donde nos espera el final del camino, como al mismo Jesús.

Nacer en Belén era muy importante para la tarea encomendada al *Ungido*, porque de esta manera se cumplía lo escrito, y a pesar de que el mensaje de Jesús era precisamente el contrario —que el ser humano es libre de elegir su camino, libre de odiar o amar, de abandonar o quedarse, de no morir jamás o vivir limitado por lo terrenal—, él cargó con el peor peso de ser hombre: aceptar que el destino está escrito y que nada lo puede cambiar. Y fue consecuente con esta contradicción desde su nacimiento; por eso Nazaret le otorgó el sobrenombre, y esta ciudad de Belén donde entramos al anochecer, su destino. Recordemos que Belén o Bethelén, la ciudad del rey David, es Beit Lahm, «la casa de la carne», en árabe; y es también Beit Lehem, «la casa del pan», en hebreo. Para unos y otros, el alimento y la vida. Para la tradición

de la cristiandad occidental, el lugar donde Dios se hizo *carne* y se consagró en *pan* para salvarnos.

El guía nos advierte de que, en la medida de lo posible, evitemos la noche y la soledad de las calles. «Belén no es la ciudad de hace tres mil años. Seamos prudentes». Por suerte, junto al céntrico hotel hay una cafetería regentada por franciscanos, donde venden cervezas, y el grupo se reúne allí de forma espontánea a saborear lo prohibido. Alcohol en Palestina. No es mal plan. El morbo, la sed y el cansancio facilitan las confidencias y las risas. Nadie quiere irse a la cama, y algunos irresponsables decidimos adentrarnos en la oscuridad helada. La noche es hermosa, prometedora y singular. Con la cabeza cubierta con una *kufiya* saharaui color arena y el cuello del abrigo subido hasta los ojos, me cruzo con algunos hombres que fuman en silencio, bultos inmóviles en la ciudad desierta. Encogida bajo el frío de la oscuridad, pienso en aquella lejana noche y aquella muchacha asustada sintiendo los primeros dolores del parto sin tener adónde ir; desconcertada, como todas las mujeres que hemos dado a luz por primera vez, pero sobre todo aterrada por no saber si serás capaz de conseguir que aquel dolor que revienta tus entrañas te convierta en la puerta y no en la tumba de tu propio hijo.

Son casi las doce, hora de regresar, y a punto de doblar la esquina de una calle estrecha, me tropiezo con una sombra veloz que se pierde en la noche. Apenas he podido distinguir el bulto de una mochila y unos ojos brillantes, casi divertidos, bajo la capucha negra. Un olor fuerte, familiar, me conduce hasta el final de un muro lateral donde, todavía fresco, brilla el grafiti de una paloma con chaleco antibalas. Río con ferocidad, y mi voz resuena en los callejones sucios de Belén. Me fascina comprobar que el hombre, tres mil años después del nacimiento de Jesús, es capaz de reproducir el misterio sencillo de sus parábolas.

Rayando el alba, el grupo se reúne en la plaza desierta. La iglesia de la Natividad alza su elegante belleza bizantina en uno de los ángulos. La necesaria restauración a la que fue sometida hace unos años le ha devuelto su viejo resplandor blanquecino. Estamos ante el templo más antiguo de Tierra Santa que sigue milagrosamente en pie para recordarnos un nacimiento y miles de muertes; para que no olvidemos el mensaje, para que seamos humildes ante la grandeza. Tal vez por eso la pequeña puerta de entrada, construida por los cruzados para evitar el acceso del infiel a caballo, se ha mantenido así desde entonces, y así debe seguir, entre otras cosas porque resulta una interesante lección para el hombre moderno: postrarse; humillarse; *humiliare* procede del latín *humus*, que significa *tierra*. De nuevo en la palabra reside la clave, pues claramente nos indica que para descubrir a Dios no es necesario levantar los ojos a un cielo casi siempre demasiado lejano.

En el interior, la majestad paleocristiana anuda los dos mundos: Roma y Bizancio; Oriente y Occidente fusionados en fustes, capiteles, mosaicos, mármoles... Pero esto es solo la férula católica. Para encontrar lo que cada uno viene buscando, hay que bajar al vientre de la tierra y entrar agachado en el conjunto de grutas que albergan el recuerdo, la tradición y la fe. En el rincón de una de ellas, la tensa paz del *statu quo* se escribe con luz: seis lámparas de la iglesia griega, cinco de la armenia y cuatro de la católica romana custodian la estrella barroca de siete puntas de plata que señala el lugar en el suelo: «*Hic de Virgine Maria Jesus Christus natus est*». Conectadas por túneles, otras tres grutas guardan el recuerdo del padre carpintero, de los inocentes muertos bajo la espada de Herodes y de san Jerónimo, guardián latino del libro sagrado.

Ciceroniano, viajero y erudito, Jerónimo dejó huellas singulares de su paso por la Tierra. Merecería una biografía completa y actualizada que recuperara, hoy más que nunca, su memoria.

Un cinturón de cuevas circunda Belén. La peregrinación a Tierra Santa desde la alta Edad Media fue salpicando de templos estas colinas, que, como faros anacrónicos, conforman un mapa del nacimiento: la Cueva de la Leche; la Capilla de los Pastores; Ain Karen o Iglesia de la Visitación. Aquí no solo nació Jesús; también nacieron el *Gloria in Excelsis Deo* y los Kerigmas; el *Magnificat* y la Vulgata, el Ichthys y el Crióforo. Una sincrética iconografía de nuestro espíritu.

En el área B del territorio palestino siguiendo la carretera que conduce de Jericó a Jerusalén, visitamos Al Azariyeh, «el sitio de Lázaro»; la Betania bíblica, un lugar metafísico donde los haya, elegido para la gran victoria sobre la muerte. Aquí Lázaro fue devuelto a la vida y, también en este lugar, en la falda oriental del Monte de los Olivos, Jesús resucitado acudió, en primer lugar, a despedirse de ella:

«Aún huelo a ti; a la mirra y al sándalo que derramaste en mi cuerpo; al aceite suave de acíbar con el que me ungiste, al perfume a nardos, tan familiar, de tus cabellos, con los que me acariciaste. No llores, hermosa Magdalena, porque podría flaquear y no debes retenerme, que todavía no he ido a reunirme con mi Padre».

El cielo amenaza temporal y un vientre de nubes negras se clava en las copas de los olivos. Desde la falda occidental del monte nos asomamos por primera vez a la ciudad de David, aunque antes de llegar a esta atalaya privilegiada conocida como *Rehavam* hemos hecho un breve alto en el camino para visitar la pequeña iglesia del *Dominus Flevit*. Un Dios que llora por Jerusalén como si fuese capaz de cruzar los siglos y leer el saqueo del Templo de Salomón en los relieves del Arco de Tito sobre la vía Flavia, estando él mismo tan próximo a la cruz romana y la muerte es, cuanto menos, una imagen conmovedora, pero, sobre todo, una advertencia para los hombres. «No os dejéis engañar por esta belleza; las piedras caen. Que vuestro reino no solo sea el de este mundo».

A los pies del mirador, las ciento cincuenta mil tumbas de los judíos que descansan ahí desde hace tres mil años confirman ese mensaje.

«Mirad», nos advierte el guía con el brazo extendido hacia un punto indeterminado del paisaje. «Este es el Valle del Cedrón, el lugar donde habrá de celebrarse, según las escrituras, el juicio final». El tono profundo de su voz atrae la atención del grupo disperso en selfis y panorámicas. «En este valle maldito murió, dormida, la Virgen Miriam y también lapidaron al primer mártir, san Esteban; un poco más al norte detuvieron a Jesús y fabricaron su cruz, según cuenta la tradición, con las vigas del antiguo puente que cruzaba el río Kidron, y ¿veis allá?», continúa, señalando con su dedo lugares distantes con la solemnidad de un arcángel del Apocalipsis, «esa colina es el monte Moria, en cuya cumbre Abraham intentó sacrificar a su hijo Isaac.

El Templo de Jerusalén se levantó sobre ese altar parricida y, una vez derribado, los musulmanes, con el derecho que les daba saber que desde ahí ascendió Mahoma a los cielos, construyeron la Cúpula de la Roca».

Cae pesada la tarde y con ella a cuestas, como una sentencia, entramos en el huerto de Getsemaní, el lugar más triste de Tierra Santa. El paisaje es muy bello, con un antiguo jardín de olivos, pero la melancolía es inherente al recuerdo: «Mi alma está triste hasta la muerte. Quedaos aquí y velad conmigo».

El sufrimiento de imaginar lo que vendrá hiere más profundamente el alma de un hombre lúcido que la resignación del dolor de la carne, que uno sabe que pasará. Jesús se vuelve cada vez más humano a medida que se acerca a su destino. Sus últimos días en Jerusalén son un tratado de estoicismo: «Abba, si es posible, que pase de mí este cáliz; pero no sea como yo quiero, sino como quieras Tú». Se dirige a Dios llamándolo *abba*, el nombre cariñoso que usaban los niños arameos al referirse a sus padres y una de las primeras palabras que un hijo aprendía a decir. Pero su destino estaba escrito y de esta manera daba comienzo el *pathos*; la Pasión. Primero, habrá de enfrentarse a la ley en un corredor humillante que lo lleva ante fariseos, saduceos, el Sanedrín, el gobernador romano y el rey de Israel, para, finalmente, terminar ante el pueblo, el juez más peligroso de todos, que lo sentencia a gritos, liberando a un ladrón.

La noche helada cristaliza sobre Jerusalén, así que nos acorazamos tras los abrigos y nos dirigimos al muro de las lamentaciones. «¡*Shalom Sabbat!*», nos saludan los guardias del control de acceso a la explanada. La pared de piedra blanca resiste impávida al lamento milenario de su pueblo. «Orar con los labios y con el cuerpo, como amar», pienso. Luego miro a las mujeres que leen el libro, acercan la frente a la piedra y se mueven a un ritmo extático y sombrío, exactamente igual que los hombres tocados con la kipá al otro lado del muro que nos separa. Qué extraños resultamos los seres humanos cuando intentamos acercarnos a Dios. Nos aferramos a imágenes en procesión, iconos de madera, muros, medallas, grutas, templos u oraciones tan desgastadas como estas piedras, olvidando siempre lo más importante. Perdónanos, *abba*; papá.

Mi compañera de habitación ha programado la alarma a las cuatro y media de la mañana, porque hemos planeado asistir a la misa de Laudes en el Santo Sepulcro. El sueño inquieto se adelanta al reloj, y cuando toca ya estamos preparadas, con la ruta memorizada para caminar sin mapa desde el hotel hasta la basílica. Atravesamos la Puerta de Jaffa, cuya mole negra nos observa con recelo de ciudad tomada por el enemigo. Las calles desiertas del barrio musulmán comienzan a despertar con algún panadero madrugador bostezando en los desiertos *souks*. El dédalo negro de callejuelas, escaleras, adarves y esquinas parece que nos guíe a nosotras, y no al revés; llueve con saña bíblica y el frío corta las piedras de Dios, pero, milagrosamente, hemos llegado a la plaza del Santo Sepulcro. Ateridas, entramos en el templo, que nos recibe tan silencioso como la propia ciudad. Un mármol rosado, del tamaño de un cuerpo humano cubierto por decenas de lámparas de latón encendidas, brilla suave con tacto de resina olorosa. Nos arrodillamos ante aquella piedra que emana un dulce aroma a nardos, rozándola con los dedos, con la frente, con los labios. No hay nadie en el templo, solo nosotras, emocionadas, sobre esta piedra de unción. Pienso en las sagradas escrituras y en los tres evangelios sinópticos que, repetidamente, hacen a las mujeres el sujeto del verbo *ver*. Ellas, las llamadas «igual a los apóstoles», estaban también allí, mirando, amando, llorando y peleando; troyanas de una nueva fe.

Nos acercamos en silencio al *edículo*, el pequeño templete que oculta la tumba de Jesús. Aquel viernes 7 de abril del año 30, mientras el sol se ponía, su cuerpo deshecho fue depositado a toda prisa sobre el banco de piedra de un recinto excavado en la roca de un jardín cercano al Gólgota.

Dentro del angosto lugar pienso que, desde aquel lejano *sabbat*, los emperadores Tito y Vespasiano, Adriano y su Elia capitolina, santa Elena, Constantino, la conquista árabe, el patriarca Sofronio, el califa Omar, el fanático Al Hakim, el emperador Monomaco, los cruzados, el conde Godofredo di Buglione, el rey Baldovino, el ejército de Saladino, los turcos otomanos, el gran terremoto del 27, las dos guerras mundiales, el Mandato Británico, los franciscanos, los jordanos, el incendio de 1947 y las sucesivas restauraciones, después de todo eso, lo que verdaderamente ofrece al peregrino este Santo Sepulcro vacío es una gran prueba de fe.

Oímos que comienza la misa, así que, apresuradas, subimos las estrechas escaleras que conducen al Gólgota. Sobre este monte de dura roca *malaki* en forma de calavera, clavaron las cruces romanas. Hoy, un hueco profundo en el suelo en el que apenas cabe una mano, indica el lugar. El sacerdote celebra la misa de espaldas a los pocos fieles que estamos allí reunidos, y lo hace en italiano. La dulzura antigua de esta lengua convierte las plegarias en versos virgilianos. No lleva alba ni estola, solo una sencilla casulla verde que le queda un poco corta. Unos vaqueros desgastados, unas cómodas botas de montaña y unos singulares ojos color miel desvelan un aire más de arqueólogo aventurero que de sacerdote. Al finalizar, besa con respeto el altar de los Medici. «*Ite in pace*».

Regresamos al hotel envueltas en una extraña paz, aunque sabemos que no durará mucho. Hoy el recorrido es el del tormento y el adiós, y por eso las pocas horas de sueño que nos quedan tienen sabor a hiel.

Saliendo de la ciudad por la puerta de Sión, una calle que dobla bruscamente a la izquierda conduce al Cenáculo. «Ardientemente había deseado que llegara esa Pascua» (Lc. 22, 15). Y es que la Pascua era la más importante de las fiestas anuales de Israel, pues en ella se revivía la liberación de la esclavitud en Egipto partiéndose entre los comensales los panes sin levadura o panes ácimos en recuerdo del alimento que el pueblo tomó durante su huida precipitada del país del Nilo. «Este es mi cuerpo y esta mi sangre». En ninguna otra religión se entrega la deidad a sus seguidores de una manera tan explícita, tan carnal.

Después de aquella última cena oficiada por Jesús, todo siguió siendo sangre, carne y oscuridad: la espada de Pedro en Getsemaní, el pozo negro de la torre Antonia, los azotes en la espalda, las espinas en la frente, el peso de la cruz, las piedras de la vía Dolorosa, las siete caídas, el agotamiento, los clavos, el costado abierto, el cielo trémulo y oscurecido, el velo roto sobre la sangre seca del propiciatorio... «*Eli, 'Eli, lĕma' šĕbaqtani*». «Dios mío, Dios mío, por qué me has abandonado».

Quince siglos más tarde, Lutero se preguntaría lo que muchos hoy seguimos preguntándonos: «¡Dios abandonado por Dios! ¿Quién puede entender eso?».

Sigue lloviendo sobre Jerusalén cuando el autobús pone rumbo a Tel Aviv. Es 19 de enero de 2020, y al aterrizar de vuelta al aeropuerto de Madrid recuerdo las palabras de Lucas 23: 44 tras la muerte de Jesús como una premonición de lo que en breve ocurrirá: «La oscuridad cayó sobre toda la Tierra». Me duelen los pulmones, ardo de fiebre y tengo las manos heladas. Al meterlas en los bolsillos del abrigo toco la superficie rugosa de algunas de las piedras que ido cogiendo por el camino. Es cuanto me traigo de recuerdo. En unas semanas, mi neumonía pasará, pero una nueva oscuridad en forma de pandemia caerá sobre la Tierra y tardará en disiparse.

16

En flagrante delitro: *Lisboa en Pessoa*

Los pasos de Fernando Pessoa por la Baixa Pombalina, donde cada mañana acudía a trabajar (era traductor de correspondencia comercial para algunas firmas a las que prestaba sus servicios), se transformaron con el tiempo en el transcurrir de una múltiple, efervescente vida poblada por un universo clandestino de sombras con carnet de identidad. Poeta dolorido de la modernidad, arrancado a dentelladas de una infancia breve en la que su padre, crítico teatral del que tal vez heredó el amor por las palabras, murió de forma prematura, el pequeño Fernando decidió envolverse en una suave delicadeza de genio, negando desde entonces la existencia de viajes trasatlánticos y hogares coloniales que no podía entender. Su madre, radiante de juventud, esposa de un nuevo hombre y madre de sus *medio hermanos* (los muertos y los que consiguieron sobrevivir), vino a simbolizar para aquel niño la experiencia asexuada e inconstante del deseo de mujer. Para ella es su primer poema, *A minha querida mamã*, escrito con siete años. Luego vendría el dolor maduro del poeta autocondenado al ostracismo de la carne: «Hoy solo tengo la realidad con la que no puedo jugar... ¡Pobre niño exiliado en su virilidad! ¿Por qué he tenido que crecer?», se preguntaba Pessoa o Bernardo Soares o

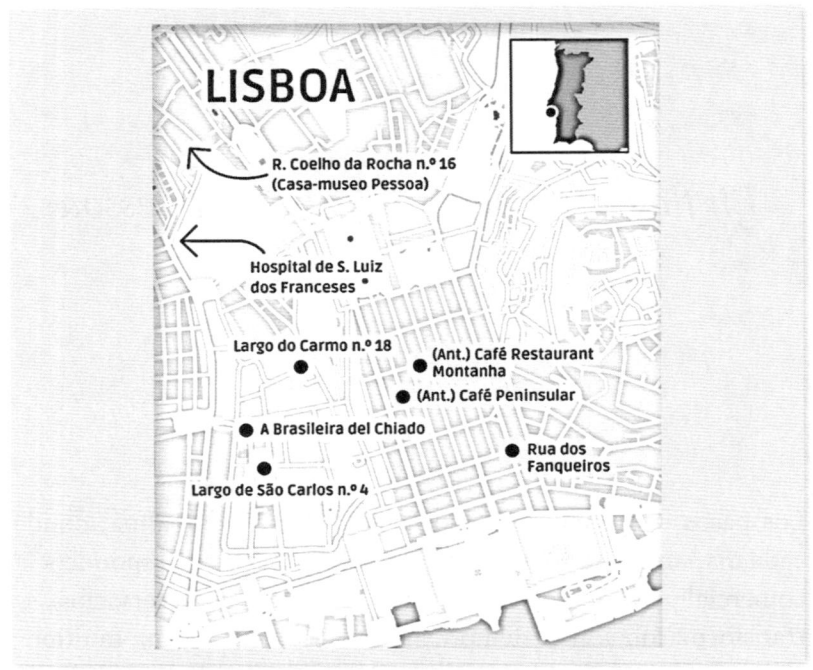

Vicente Guedes desde las célebres notas del desasosiego. A partir de aquellas y de otras muchas garabateadas con elegante grafía victoriana y amontonadas en un arcón, el viajero de hoy puede, sin dificultad, organizar una *geografía pessoana* de Lisboa que milagrosamente resiste al paso del tiempo, las hordas de turistas y la inevitable adaptación de la ciudad a ellos.

    Un hombre con tantas vidas a cuestas y una sola ciudad para vivirlas necesitaba la intermitencia espacial para poder contarlas. Poeta sin domicilio fijo, Pessoa practicaba el desarraigo como la escritura, a golpe de improvisada quietud atlántica. Un cuarto alquilado, una maleta con libros y un bar cercano era todo lo que necesitaba para su literatura heterónima. Si dibujáramos sobre el plano una línea que uniese sin solución de continuidad las casas de Pessoa en esta ciudad, hallaríamos con sorpresa el trazado confuso de una vida en movimiento; una geometría viajera análoga al cableado de los tranvías que tejen de electricidad el falso techo de Lisboa: Largo de São Carlos n.º 4, donde nació; Rua de São Marcial n.º 104, primera casa familiar tras la muerte del padre; Rua de São Bento n.º 19, primera casa lisboeta ya sin padres ni hermanos junto a la tía Anica, encargada de cuidar a un joven Fernando de diecisiete años; Calçada da Estrela, con la nueva familia llegada de Durban en 1906; y un año después, la Rua da Bela Vista à Lapa n.º 17, donde se mudaría para vivir con la abuela Dionísia, si bien pocos meses después, tras una breve estancia veraniega en el Hotel Brito de Portalegre, cambiaría de residencia para vivir solo, primero en la Rua da Gloria n.º 4 y después en el emblemático Largo do Carmo n.º 18.

Cuatro años más tarde, volvería a compartir casa con la tía Anica, primero en la Rua de Passos Manuel n.º 24 y luego en la Rua Pascoal de Melo n.º 119, antes de que esta y su familia marcharan a vivir a Suiza en 1914. Para entonces, Pessoa iniciaría su solitaria vida de cuartos alquilados: Rua Dona Estefânia n.º 127; Rua Antero de Quental, Rua Almirante Barroso n.º 12; Rua Cidade da Horta n.º 48; Rua Bernardim Ribeiro n.º 11; Rua Santo Antonio dos Capuchinos; Avenida Gomes Pereira en Benfica; y, por último, la casa de su madre, de nuevo viuda, que los hermanos de Pessoa ocuparían a su regreso de África del Sur: el piso primero derecha del n.º 16 en la Rua Coelho da Rocha. Aquí se detendrá el tiempo vital. Hoy convertida en casa-museo, sus paredes se esfuerzan por recordar los últimos quince años del poeta. Es emocionante poder mirar en silencio la austeridad de su último cuarto; la cama estrecha de madera clara, el arcón y la famosa cómoda donde él mismo nos cuenta que, «el 8 de marzo de 1914 me acerqué a una cómoda alta y tomando un papel comencé a escribir, de pie, como escribo siempre que puedo. Y escribí treinta y tantos poemas seguidos en una especie de éxtasis cuya naturaleza no consigo definir. Fue el día triunfal de mi vida y nunca podré tener otro así».

Aquel día sobre aquella cómoda que hoy el viajero puede acariciar suavemente, nacía Alberto Caeiro y su *Guardador de rebaños*, mientras la «lluvia oblicua» pessoana despintaba, con sus gotas interseccionistas, la vieja poesía portuguesa.

Pero no nos equivoquemos al juzgar a este hombre menudo con aspecto de oficinista kafkiano que camina eternamente en blanco y negro por la Rua Garrett del Chiado. Pessoa era un solitario, pero no a la manera del lamento sobrio y disciplinado de su contemporáneo checo, sino con un sentir diferente, lleno de novedad narrativa. Este poeta era un laboratorio experimental de literatura moderna en ebullición. Tras la aparente calma lectora en el Martinho da Arcada o el ensimismamiento de hombrecillo que fuma su *cachimbo* en el café A Brasileira, hay un hombre que carga, desolado, con toda la inquietud que lleva aparejado el ingenio potentísimo de los elegidos. En apenas cuarenta y siete años de vida, fue degeneracionista a la manera de Max Nordau, interseccionista, antiaristotélico, futurista, defensor de la creación de una «*República Aristocrática*»; rosacrucista, traductor de una importante colección de clásicos universales de la literatura; creador de una de las primeras antologías de poetas portugueses modernos; polemista temerario bajo el pseudónimo de Álvaro de Campos, tertuliano apasionado, articulista, prologuista, empresario, editor. De su cabeza (creando, dirigiendo o ambas cosas) salieron algunos de los proyectos más rabiosamente vanguardistas del momento: las revistas literarias *A Águia*, *Orpheu* y *Portugal Futurista*; la editorial Olisipo; la *revista Athena*; la *Revista de Comércio e Contabilidade* o la editorial Soluçào Editora, articulando, todas ellas, el bullicioso mundillo creativo de aquellos felices años veinte lisboetas.

La vida de Fernando Pessoa transcurría, enfebrecida, entre aquellas noches desveladas en la soledad de los cuartos alquilados donde paría a sus heterónimos y el vagar vespertino por los cafés lisboetas en discusión de humo, alcohol y futuro con sus compañeros de modernidad: José Almada-Negreiros, José Pacheco, Antonio Ferro, Mario de Sá-Carneiro, Raoul Leal, Alfredo Pedro Guisado, Amadeo de Souza-Cardoso o Santa-Rita Pintor. El eco de aquellas voces metafísicas bajo algunos de sus retratos de tímida geometría aún perduran en la memoria del viajero insistente incapaz de renunciar a la trilogía feliz de libros, cafés y memoria.

Además de los conocidos cafés A Brasileira del Chiado y Martinho da Arcada de la Baixa, no podemos olvidar otros menos concurridos hoy pero igual de «pessoanos», como fueron el otro Martinho, del Largo de Camoes, ya desaparecido, el Café Áurea Peninsular en la Rua do Arco do Bandeira o el Café Restaurant Montanha en la esquina de la Rua da Assunçao con Santa Justa, donde el poeta y su íntimo amigo y socio Mario de Sá-Carneiro, sentados en la mesa, corregían pruebas tipográficas en los tiempos de *Orpheu*, pocos años antes de que este último se suicidara en una amarga buhardilla de París.

También forman parte de la ruta el café-cervecería Leão, en la Rua Primeiro de Dezembro, o el Café Gibraltar, en Cais do Sodré; así como el lugar que ocupara el Restaurante Irmãos Unidos (cerrado en 1970), en Rossio, donde Almada Negreiros pintó aquel retrato de Pessoa sentado a la mesa, cigarrillo en mano, con sus lentes y su característico sombrero que es hoy el icono no solo del poeta, sino también de aquella generación y aquella ciudad.

Pero, sin duda, el lugar preferido de esta viajera pessoana es la bodega de Abel Pereira da Fonseca en la sucursal de la Rua dos Franqueiros. Allí el poeta una vez fue sorprendido en pleno acto de apurar un vaso de vino. Aquella fotografía enviada con una nota manuscrita a su antiguo amor, Ophelia de Queiroz, reconociendo por escrito el *flagrante delitro* a modo de humorístico verso futurista, reavivó (brevemente) el romance entre ambos. No muy lejos de aquel lugar, sentada junto al recuerdo de las torradas y la bica de mi añorada Pastelaria Suiça, pienso en el amor singular entre el escritor y la muchacha; en sus cartas apasionadas y metafísicas

(«*As cartas de amor, se há amor,* / *Têm de ser* / *Ridículas.* / *Mas, afinal,* / *Só as criaturas* / *que nunca escreveram* / *Cartas de amor* / *É que são* / *Ridículas*»), recuerdo los hermosos billetes plegados por el poeta con estudiada geometría para que la criadilla que los entregaba no lograse hallar el ardiente mensaje: «*Kiss me*», a veces, y otras «*Da-me un beijinho, bébé fera*», o aquel emocionante trozo de papel con «*la estrategia*», es decir, una serie de líneas cruzadas a modo de trapezoide mostrando, en clave, los caminos más largos que ambos podían tomar para compartir juntos el máximo tiempo posible desde la oficina hasta la casa de ella.

Fingidor de una pasión que realmente sentía, el poeta participó febril de aquel juego infantil y perverso, delicioso, que ambos alimentaron, a veces convertido en *ménage à trois* con la intervención esporádica de Álvaro de Campos (a quien Ophelia terminó detestando). Mas algo así no podía durar. La poesía, siempre seductora, termina adueñándose de los seres que la producen, porque es una amante tirana y letal, y Pessoa no fue una excepción: «Me gustas mucho —mucho— Ophelinha. Aprecio mucho —muchísimo— tu carácter y tus sentimientos. Si me caso, no me casaré más que contigo. La cuestión es saber si el matrimonio, el hogar (o como se le quiera llamar) son cosas compatibles con mi vida y pensamientos. Yo lo dudo».

Nada era compatible con su vida múltiple y compleja, tan solo el alcohol, que fue hundiendo su mirada hasta convertirla en la de un anciano de tan solo cuarenta y siete años. Un frío 25 de noviembre es ingresado de urgencia en un cuarto del Hospital de S. Luiz dos Franceses en la Rua Luz Soriano 182, donde moriría también con urgencia unos días después. Aquella mañana había garabateado su último verso con letra temblorosa y en el inglés de su infancia recobrada: «*Know not what tomorrow will bring*».

El tranvía 28, hoy atestado de turistas ciegos, como salidos de una novela de Saramago, recorre el *roteiro pessoano* desde la Baixa a Os Prazeres, cementerio en el que Pessoa fue enterrado el día 2 de diciembre junto al sepulcro de su abuela, Doña Dionísia Seabra Pessoa (Rua 1 Dt., n.º 4371).

Pero el viajero que lo busque allí no lo encontrará, pues, acorde con su incansable mudanza, su cuerpo fue trasladado cincuenta años después de su muerte al Monasterio de los Jerónimos, donde descansa, por fin, este hombre solitario acompañado en su morada final por marinos ilustres, conquistadores aguerridos, legendarios poetas y reyes de Portugal.

17

Goldcity, viaje literario a Miami

> «A los ciudadanos comunes y corrientes
> solo nos queda esa opción: pensar con el deseo».
> Juan Carlos Botero.

«James Bond, con dos *bourbon* dobles en su interior, se sentó en la última sala de salidas del aeropuerto de Miami y pensó en la vida y la muerte».

La viajera del vuelo Nueva York-Miami saborea el comienzo de esta aventura como si fuese un Martini agitado, no mezclado. A treinta y tres mil pies de altura sobre el mar, la península de Florida, alargada y todavía lejana, refulge como un dedo de oro.

A medida que el avión se acerca a tierra, el perfil se desdibuja en recortes profundos e islotes de diverso tamaño frente a la costa sur como si una flota de buques Liberty continuara esperando el ataque de los submarinos alemanes que infestaron como tiburones las aguas negras del otro lado de la barrera de coral. Hoy, delfines y manatíes saludan a la mañana con cuidado de no enredarse en los peligrosos humedales de los Everglades, reino

absoluto de caimanes y de sus invitados de honor, los icónicos flamencos rosados.

El taxi de cristales tintados conduce despacio por Brickel Bridge en dirección al hotel situado en Brickel Key, una pequeña isla artificial con forma triangular que sustenta el peso de un impresionante *skyline* de rascacielos en los que se refleja el mar. Volando sobre la bahía azul, la terraza de la habitación ubicada en el piso 19 del impresionante Mandarin Oriental Hotel se abre como una atalaya de acero, cristal y olvido. Es costoso hacer un ejercicio de pasado porque el presente, en su excesivo cosmopolitismo de exilio adinerado, es persuasivo.

La viajera cambia las ropas del invierno neoyorkino que ha dejado atrás por otras más ligeras para que el calor pueda tocarle la piel, y baja al solárium del restaurante La Mar, famoso por sus especialidades peruanas y sus mojitos de lima.

No hay un alma, porque todos los clientes están, a esta hora, en la piscina. Solo un tipo con gafas de sol y chaqueta oscura toma un cóctel mirando el mar. Levanta su copa de lejos y sonríe a esta viajera a modo de saludo cuando el camarero trae por fin el vaso helado en una bandeja estriada que imita el carey. Ella también le sonríe y mira el agua azul marino decidiendo que, a pesar de todo este cemento, la arena de las playas de los conquistadores sigue intacta. Ese pensamiento la ayuda a no soltar aún los cabos de la memoria; otea el horizonte por encima de los elegantes veleros y recuerda a Ponce de León arribando a estas orillas en busca de la «fuente de la eterna juventud», porque en el siglo XVI la rudeza y la valentía se sostenían, en parte, con leyendas y con fe. Nunca la encontró, claro, pero, a cambio, la Naturaleza le ofreció la oportunidad de ser el primero en contemplar el mayor estuario de la costa atlántica de Florida, hoy parque nacional de una rica biodiversidad.

Aquel aguerrido conquistador vallisoletano abrió el camino a los trescientos años de presencia española en estas tierras que terminaron inevitablemente en las poderosas manos norteamericanas. Los nuevos dueños tuvieron que vérselas con la población india autóctona, los semínolas, en sucesivas y cruentas batallas, pero tres mil indios frente a doscientos mil soldados poco pudieron hacer. Los supervivientes regresaron a sus reservas y los magnates del petróleo, que acababan de localizar el anhelado hidrocarburo, iniciaron una etapa de desarrollo industrial, por lo que a finales del siglo XIX quedaba oficialmente inaugurado Miami, nuevo estado unido americano, aunque, eso sí, asentado sobre la española bahía Vizcaína. Los nombres y la memoria que estos concitan, afortunadamente, son difíciles de derrotar.

Las nubes han cubierto el cielo, y los camareros, expertos en chaparrones tropicales, recogen, profesionales, los manteles y servicios. El desconocido de las gafas de sol pide permiso y se sienta en la mesa junto a la viajera, bajo las sombrillas, con su copa en la mano y sin dejar de sonreír.

—En siete minutos empezará a llover —le dice, mirándola a los ojos—, pero si se mueve un poco más a la derecha, apartada del punto de intersección de las sombrillas, no se mojará.

—¿Cómo puede estar tan seguro? —pregunta ella, sin moverse.

—Lo ingleses tenemos cierto instinto para predecir la lluvia.

—¿Y los minutos?

—Bueno, en eso me he arriesgado. Pero el siete siempre me ha traído suerte.

La lluvia cae, torrencial, a los seis minutos y medio con afán vengativo, como si el doctor no hubiese abierto una espita gigantesca y letal. El inglés no se inmuta, y la viajera, con el hombro izquierdo empapado, apurando su mojito, desearía poder trabarse en una pelea cuerpo a cuerpo con ese hombre guapo e impasible sobre el heno húmedo de un hangar.

—Debería usted probar los martinis del Fontainebleau, el hotel donde me alojo —dice él, tratando de adivinar sus pensamientos. Mirando al cielo, insiste—. La operación trueno acaba de empezar.

El desconocido no conduce un Aston Martin, pero realmente no lo necesita; una Chevrolet Suburban negra con chófer los lleva hasta Miami Beach mientras la tormenta arrecia.

—¿Es usted agente secreto? —le pregunta la viajera, amenazante, como si lo encañonara con un revolver de oro.

—No, soy buzo profesional. Trabajo allá abajo, en las profundidades de la bahía.

Ella recuerda aquella batalla submarina ideada por Ian Flemming en Biscayne Bay entre los chicos de buceo de Spectre, Bond y un grupo de Navy Seals: toneladas de hombres rana, disparos y golpes lentos bajo el agua mientras todos tratan de evitar el fatal corte del suministro de aire. Una *scubatrooper* sin precedentes.

—¿Tiene hambre? —pregunta el desconocido y, sin esperar respuesta, la coge de la mano—. ¿Sabe? —le dice—, bajo este mar hay algo mucho más interesante que unas bombas atómicas de la OTAN robadas: el cangrejo real rojo.

El mítico restaurante Smith & Wollensky, en el número 1 de Washington Ave, no está lejos de allí. Su fama resiste el paso del tiempo, los huracanes y las crisis, pues sirve los mejores cangrejos de la península de Florida en temporada. El *king crab* es el rey en todos los idiomas, y no solo por su tamaño. Su carne blanca, prieta y de intenso sabor a mar, de color borgoña cuando está vivo y de un denso rojo coralino cuando lo sirven en bandejas plateadas repletas de hielo picado, lo ha convertido en un producto culinario único.

Cualquier mujer encaprichada de un buzo inglés buscador de bombas atómicas robadas sentiría unos celos casi insoportables si lo viese comer aquellas patas *jumbo* con tanto placer como este lo hacía. Al terminar, y con la misma indiferencia con la que soportaría una bala del calibre 25 apuntando a su pecho, el inglés pagó los quinientos dólares de aquel almuerzo inolvidable sin inmutarse. Las deliciosas *coconut cakes* de la carta eran irresistibles, pero ellos prefirieron tomar el postre en el hotel.

La noche se abatió casi por sorpresa sobre la ciudad, y la viajera salió a la terraza para comprobar que no soñaba. Aquel espectáculo de rascacielos iluminados con millones de diminutas luces como una bóveda estrellada de neón no la ayudaba gran cosa a volver a la realidad. Él le hizo una foto así, apoyada en la barandilla, como flotando sobre la bahía negra, con la piel clara desnuda y cubierta de sudor.

Se besaron sin prisas frente a aquel anfiteatro posmoderno. En algún lugar lejano sonaba una música dulce. Para prolongar momentos como ese hay un lugar perfecto en Miami: *Little Havana*. Se vistieron —él con chaqueta oscura, ella con poca ropa— y salieron a bailar.

—Los tipos duros no bailan, pero a veces, en el Caribe, hacen excepciones.

Seguían el ritmo cálido muy pegados, él con sus manos fuertes sobre las caderas de la mujer, mientras la voz de Celia Cruz, espesa, dulce y oscura como melaza, se derramaba desde los locales abiertos hasta la concurrida calle Ocho. Algunos de los míticos lugares, como el Versailles, anunciaban las delicias isleñas que, en la voz del mesero, adquirían son de guaracha: yuca con mojo, arroz congrí, chatinos, tostones, picadillo, rabo encendido.

La mezcla panlatina de Miami hace que su diversidad étnica sea mayor que la de cualquier ciudad latinoamericana. Atractiva, entre otras cosas por su estratégica ubicación geográfica, ha acogido, y sigue haciéndolo, a muchos latinos llegados a sus orillas como refugiados políticos: cubanos huyendo de Castro desde la década de 1960, venezolanos escapando de Hugo Chávez, brasileños y argentinos tratando de alejarse de las crisis económicas, y mexicanos y guatemaltecos anhelando un trabajo.

Los inmigrantes cubanos de *Little Havana* se fueron asentando en la ciudad en varias oleadas: anticastristas de los años sesenta y, luego, los que buscaban una vida mejor a partir de finales de los setenta sumados al éxodo del Mariel, en los ochenta.

«*Cuando salí de cuba / dejé mi vida, / dejé mi amor. / Dejé enterrado / mi corazón*».

Celia Cruz seguía desgranado su melancolía patria cuando, al volver a la mesa, por entre las luces de neón, creyeron distinguir un rostro conocido que los observaba de lejos: un tipo con una cicatriz en la cara y camisa llamativa abierta sobre una gruesa cadena de oro, como salido de una película de Brian de Palma y Oliver Stone. La mujer recuerda entonces que aquella obra maestra, *Scarface (El precio del dinero,* en español), se rodó aquí, en Miami, con un joven Al Pacino interpretando al inmigrante cubano Toni Montana en un brillante *remake* de una primera versión, *El terror del hampa*, dirigida en 1932 nada menos que por Howard Hawks.

La historia estaba basada en la novela homónima de Armitage Trail, en la que se retrataba la vida de Al Capone. A propósito de este escritor, ni de lejos alcanzó la fama de Ian Fleming, tal vez porque murió demasiado joven. Una injusticia que esta viajera, sin soltar su mojito helado, lamenta. Recordarlo es su pequeño homenaje.

Nacido a principios del siglo XX como Maurice R. Coons, dejó la escuela a los dieciséis para dedicarse a la escritura. Su hermano decía de él que «estaba interesado en los gánsteres como a otros hombres les interesan los sellos postales, las monedas antiguas o las mariposas Monarca». Maurice Coons usó una variedad de pseudónimos con los que firmó historias de crímenes y detectives, alzándose en los años veinte como uno de los más prolíficos escritores de *pulp fiction*. Obsesionado con el personaje de Al Capone, se trasladó a vivir a Chicago, asociándose con pandilleros sicilianos y escribiendo en madrugadas de cigarrillos y alcohol su mejor novela: *Scarface*. Por ella, el todopoderoso productor Howard Hughes pagó veinticinco mil dólares de los de entonces, y como si de una película del propio Hughes se tratara, el autor se trasladó a Los Ángeles, contrató sirvientes, chófer y mujeres, y se fue perdiendo en las noches de fama y alcohol. Con veintiocho años lo encontraron en su lujosa casa del 3811 de Delman Torrace St., muerto de un infarto al corazón. Dicen las malas lenguas que Al Capone había leído la novela, y que no le había gustado nada.

—Siempre he pensado que Miami es un escenario perfecto para historias de detectives y gánsteres, ¿no te parece?

El inglés la miraba sonriente por detrás de su mojito helado de treinta dólares.

—Si te interesa el tema, pequeña, hay un lugar de esta ciudad «solo para tus ojos», la Colección Dezer en North Miami. En realidad, una de las colecciones de James Bond más completas del mundo. Hasta tienen el tanque T-55 de *Goldeneye* a tamaño natural.

El frescor del mar entraba por la ventana de la habitación acariciando a la viajera, que despertaba, sonriente y satisfecha, con la única compañía de una rosa recién cortada sobre la almohada. El inglés se había esfumado, pero el paraíso seguía intacto. «Vive y deja morir», pensó. Se puso un escueto bikini blanco, una falda ligera y unas sandalias rojo Versace como la sangre de los escalones de la Villa Casuarina, donde el diseñador calabrés fue asesinado de un disparo en 1997. Salió a la calle caminando en paralelo a las coloridas casetas de South Beach, levantadas por Lane sobre la arena de estas bulliciosas playas tras el paso del huracán Andrew, que arrasó Florida.

Si uno se adentra por Collins Avenue y llega hasta Ocean Drive, estará dando el mejor de los paseos para poder disfrutar del Art Déco District, un seductor viaje de vuelta al *glamur* de los años treinta y su característico *Déco Tropical* (fachadas simétricas, esquinas redondeadas, ojos de buey, colores pastel y ventanales abiertos a la luz y a la brisa del océano) desplegado en el lujoso muestrario de los míticos hoteles de las calles 5th y 23th: The Beacon Hotel, Park Central Hotel, Breakwater Hotel, Shore Club, Edison Hotel y uno de los favoritos de esta viajera: The Raleigh Hotel y su *déco pool,* semejante a un broche acuático de ópalo y turquesa como diseñado por Coco Chanel.

Se hace tarde, pero esta última noche la viajera bailará con fantasmas en el mejor de los lugres posibles: la librería Books & Books. Situada en una casa de estilo colonial de Coral Gables, un elegante barrio de temática mediterránea planificado por George Merrick en los terrenos de la plantación de toronjas de su familia, la librería ofrece refrescantes bebidas en el pequeño bar del patio central y miles de posibles lecturas en las salas interiores. Le sirven un refrescante Porch Swing con papaya fresca, y la soledad se disipa por entre las gotas doradas del bourbon.

Es un placer singular despedirse de Miami leyendo a la sombra de una palmera una de las aventuras de Tony Rome, el maduro detective privado salido de la imaginación de otro de los grandes del género, el escritor estadounidense Marvin H. Albert, también conocido en el mundo editorial como Albert Conroy, Ian McAlister, Nick Quarry o Anthony Rome.

Esta viajera jamás volverá a ser tan feliz como lo ha sido en Miami, piensa para sí. Luego cierra el libro usando como marcapáginas la rosa del inglés. ¿Quién sabe?, se pregunta oliendo la flor, que aún no ha perdido su aroma. Nunca digas nunca jamás.

18

Invierno en Nueva York

«*I've mortgaged all my castles in the air*».
Chet Baker.

En el Midtown, en un lugar inadvertido entre la Séptima con la Cincuenta y Siete, cerca del Carnegie Hall, hay un pequeño hotel con puerta giratoria de cristal, números dorados y acogedor piano bar que en una ocasión elegí a ciegas, con prisas por la organización precipitada del viaje. Al llegar, me gustó tanto, con sus altas habitaciones sobre Central Park, su escueta decoración (armario con cortina, cama *king size*, bellísima silla de coloreado plástico duro y baño de tuberías de níquel con baldosas blancas un poquito *old fashioned*), que inmediatamente lo convertí en mi particular apartamento en esta ciudad. Desde que puedo viajar, Norteamérica había sido siempre un destino de verano, pero en los últimos tiempos, como un regalo que se adelantase a la Navidad, son los primeros días de diciembre los que reservo para la felicidad neoyorkina. Este año no ha podido ser. Iberia ha cambiado mi billete por un bono de futuro que guardo como el que conserva un juramento. Hoy llueve en Madrid y le he hecho caso

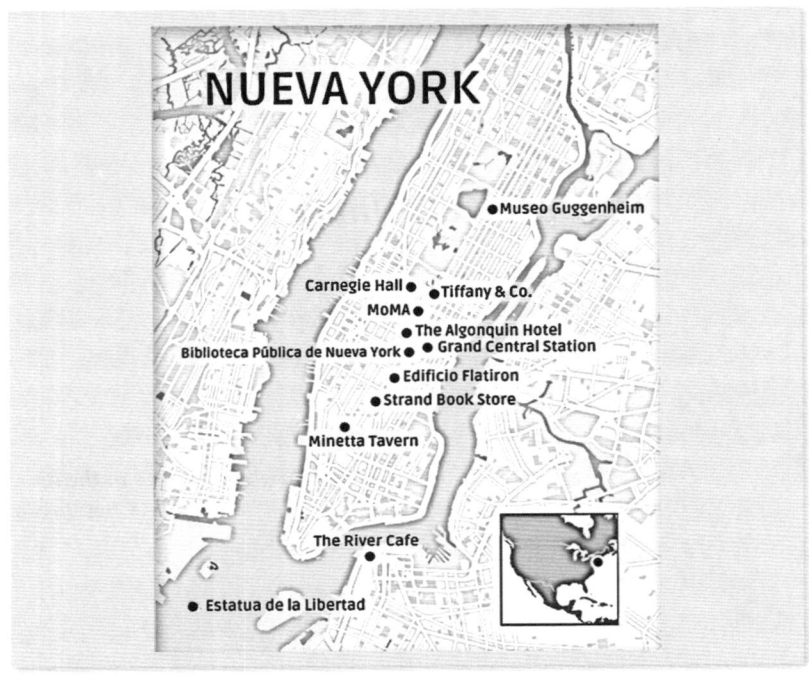

a la melancolía. Mientras escucho *Everything Happens to Me* en la voz de Chet Baker, miro las viejas fotos y sueño con volver.

Las mañanas heladas tiñen de blanco el cristal de la enorme ventana de mi habitación en el piso diecinueve. Al otro lado, un viejo depósito de agua brilla sobre la azotea de un rascacielos y abajo, hasta donde alcanza la vista, las hojas de Central Park se organizan en geometrías ocres en torno al lago como un tapiz de lana de los indios navajos. El ascensor se desplaza a una velocidad de dos metros por segundo, pero a esas horas y con el estómago vacío me parecen siglos. Afortunadamente, Milos abre muy temprano. El dueño, un griego amable y siempre atareado, prepara el mejor *filtered coffee* de Manhattan y sus *muffins* con pasas, todavía calientes a esa hora, inundan de olor a bizcocho el pequeño local.

Camino por la Quinta Avenida, dejando el parque a mi izquierda, con abrigo, gorro, botas, guantes y un vaso de papel de Milos con el segundo café del día calentándome las manos como un termo portátil de felicidad. Los ejecutivos de Park Avenue se detienen unos segundos arrebujados en sus elegantes abrigos en torno a los puestos callejeros de *pretzels,* que comen sin soltar el teléfono móvil. La ciudad que nunca duerme me sonríe vertical y yo termino el café y hago planes sobre la marcha. En realidad, son los planes de siempre, pero adoro este ritual de regresar a los mismos sitios cada vez como si volviese a visitar a los viejos amigos: en el MoMA saludo al paso a las muchachas cubistas de Picasso, a las danzarinas de Matisse, al beso enmascarado de Magritte y me detengo frente a uno de mis favoritos: *La acomodadora.* Me gustan las mujeres de Hopper, distantes, seductoras, con más pasado que futuro, capaces de conservar en la mirada todo el misterio de la civilización.

Siguiendo con mi ritual neoyorkino enfilo hacia el museo Guggenheim, donde nunca acudo a mirar obras de arte, sino a medirme con su arquitectura. Me gusta este zigurat y su cúpula de luz helicoidal, como si Lloyd Wright hubiese soñado con replicar a Bernini y aquella torre romana de San Ivo aquí, en Central Park.

Atrás queda el Upper East Side y su fantasma más famoso, Holly Golightly, la glamurosa *scort* de Capote creada en un relato suave que el cine convirtió en tronante obra maestra. A pesar del tiempo transcurrido y del inevitable desgaste estético del icono, esa mujer dolorosamente solitaria sigue siendo un espejo en el que se reconoce cierto tipo de hembra. Un bello animal criado en la jungla urbana donde se mueve a la perfección, camuflada con vistosos trajes de noche o sencillos pantalones negros, según lo requiera la ocasión. Sensual con los comprometidos, sofisticada con los exigentes, inteligente con todos. Ninguno de esos hombres estará a la altura de las expectativas que despiertan, por eso la belleza intacta al otro lado del cristal de una joyería será siempre su mejor paisaje; una biblioteca, su refugio; y un gato sin dueño mojado bajo la lluvia, la metáfora de sí misma. Para mujeres así, un interesante trozo del mundo cabe en los casi diez kilómetros de la Quinta Avenida: esos que arrancan en los diamantes azules de Tiffany y terminan en la Estatua de la Libertad y el océano.

Todo viaje requiere iniciarse con una libación a los dioses, incluso tan lejos del Mediterráneo, y por eso me dirijo a la catedral de San Patricio, con sus agujas neogóticas y la luz anacrónica de sus vidrieras en dura competencia con el otro templo sagrado de Nueva York: la Torre Rockefeller. Ambos se enfrentan a escasos metros, y desde hace centurias por el poder y la gloria en una clara alegoría posmoderna, pero esta viajera prefiere el templo católico porque allí le resulta más fácil reconocerse. En el interior, el artista romano Paolo Medici diseñó el altar de Santa Isabel, mientras que el de San Juan Bautista de La Salle, uno de los pocos altares laterales originales, fue esculpido por Dominic Borgia. Con el eco de esos apellidos, salgo de nuevo a la mañana invernal entre las calles 50 y 51. A pesar de todo, me digo, sonriendo, la vieja Europa y lo mucho que representa siguen exigiendo su trozo de la manzana del nuevo mundo.

Sigo calle abajo rumbo a la New York Public Library. Subo las elegantes escalinatas saludando a Patience y Fortitude, los leones de la puerta siempre de guardia, y accedo emocionada como si fuese la primera vez. En aquel interior palaciego, los visitantes pueden deambular en silencio por sus impresionantes espacios de lectura, como la Salomon Room de la tercera planta o el Berger Forum de la segunda. Pero, sin duda, el espacio para la felicidad de esta viajera solitaria es la Rose Main Reading Room, una espectacular sala de noventa y un metros de largo y dieciséis de altura, con frescos en el techo enmarcados en sofisticados artesonados de principios de siglo, miles de libros alineados en diferentes niveles de estanterías, gigantescas mesas de roble, enormes candelabros y sillas para más de seiscientas personas. La belleza continúa fuera, en Bryant Park, uno de los oasis urbanos donde los neoyorkinos se descalzan y tumban a leer en primavera. Este invierno el aspecto es muy diferente: el césped desierto cruje rígido de escarcha bajo mis botas y la famosa fuente del parque brilla envuelta en estalactitas de agua congelada.

El frío comienza a punzar la piel, o a lo mejor es la soledad. Corro a refugiarme cerca de allí, en Grand Central Station. Una mujer esperando en mitad del vaivén de los viejos trenes, bajo la hermosa bóveda esmeralda en aquel banco, podría ser el comienzo de una novela, y quizás lo sea. Al calor del tercer café de la mañana, saco el libro del bolso: *En Grand Central Station me senté y lloré*. Miro las constelaciones doradas del techo en silencio. Hace tiempo pedí un deseo a las estrellas, y me lo concedieron con intermitencias, como su luz, pienso. Sentada aquí recuerdo a la bella Elizabeth Smart, autora del libro, y leo sus palabras: «Sé lo que quiero, a quién quiero. Lo escogí a él de entre todas las cosas. Fría y deliberadamente lo elegí. Pero la pasión no fue fría. Me prendió fuego. Incendió el mundo». Creo conocer el sabor de las lágrimas de Central Station, desesperado y absurdo, como de quien arroja una pulsera de diamantes de Tiffany's a las vías del tren. Me sacudo el polvo de las estrellas dibujadas en la cúpula y decido subir un rato al cielo, pues me pilla de camino.

Apenas hay cola para comprar el *ticket* de acceso al Empire State Building. El ascensorista me espera sujetando con sus guantes blancos las puertas automáticas. Nos sonreímos reflejados en los espejos *art déco* y no puedo evitar recordar aquella película neoyorkina, *El apartamento,* otro amor en cinemascope con la maravillosa Shirley MacLaine y su sencillo corte de pelo, y su forma de amar compleja. Será que Nueva York inspira mujeres así. Desde esta terraza del rascacielos, la ciudad resulta un entramado casi perfecto de amores y material literario, que ha alumbrado millones novelas deambulatorias donde los personajes exploran casi todos sus vectores trazando una gráfica urbana metafórica, espontánea y variable: el frenesí de *Manhattan Transfer*, la melancolía de *El guardián entre el centeno*; el Harlem *jazzístico* de Toni Morrison; el *Submundo* de Don DeLillo, la angustia de las vanidades de Wolfe, y aquella Nueva York de los años veinte, que es a la vez antigua en Wharton y moderna en Lorca.

El cine prolongó el sueño americano de la isla, y hay lugares que es imposible mirar en color habiéndolos imaginado tantas veces en blanco y negro. Uno de ellos es este Empire State; el otro, allá abajo, en algún lugar del Midtown West que no puedo ver desde aquí: el Algonquin Hotel, donde se fundó la revista *The New Yorker*. Todo comenzó en torno a una mesa de comedor redonda, la *round table*, donde durante casi diez años un grupo de jóvenes y talentosos *flappers* del mundo del periodismo, la publicidad y el cine se reunían para charlar a la hora del almuerzo. Entre aquellos usuarios estaban Harpo Marx, Robert Benchley, Alexander Woollcott o Dorothy Parker. La Gran Guerra tocaba a su fin y ellos escribían brillantes columnas en el *New York Times*, guiones de cine para Hitchcock o artículos glamurosos en *Vanity Fair*. Pronto, los almuerzos se prolongaron hasta altas horas de la madrugada y, atraídos por el ambiente, en el bar del hotel comenzaron a hacerse habituales las visitas de Hemingway y Scott Fitzgerald. Ambos convirtieron este rincón de Manhattan en su segunda residencia, y alumbraron, junto al resto del grupo, una publicación que hoy los sobrevive como una leyenda de nuevos caballeros de la mesa redonda que aquellos jóvenes inmortales autodenominaron (no es difícil imaginar por qué) The Vicious Circle.

A partir de la calle 27 Oeste, más o menos, la ciudad se va achatando; se humaniza, dejando atrás las prisas acristaladas de los rascacielos de oficinas, la grandilocuencia del Rockefeller Center y el bullicio de Broadway para volverse más barrio. Todo indica que uno se aproxima al Greenwich Village. En esta frontera entre el Midtown y el Lower Manhattan, se abren tres hermosas plazas enfiladas en el extenso hilo de la Quinta. Me gusta pasear por ellas, sobre todo a media mañana, cuando aún es temprano para el *lunch* y todo permanece suspendido en la bruma: Madison Square, a la sombra inquietante del Flatiron; los *chess hustlers* de Union Square, y las bandas de *jazz* de Washington Square, sin duda mi favorita de las tres; tal vez porque allí el sol incide en la piedra con una luz inconfundible de Nueva Inglaterra: tiene una especie de felicidad elegante que lo contagia todo: los perros parecen más alegres; los árboles, más verdes; las parejas que se besan bajo el arco, más enamoradas.

Caminar buscando el sol tibio por las calles del West Village, con sus características *brownstones* de ladrillos rojos y sus escaleras de incendios, es uno de los placeres de las mañanas de invierno. Aquí uno desearía sentarse a mirar, desde una ventana indiscreta, cómo se perpetra un crimen (casi) perfecto en la casa del vecino de enfrente. Me apresuro, pues aún tengo un rato, y a esta hora el Blind Tiger es perfecto para un *golden ginger ale* antes del almuerzo. Los parroquianos, apoyados en la barra de madera, charlan animados con la camarera madura, rubia y tatuada, que, profesional, mascando un chicle, se preocupa por mis posibles alergias antes de servirme un platito de cacahuetes. Se está bien aquí, apoyada en la barra, con un libro en el bolso que no te decides a sacar, atenta al mobiliario, las luces, los gestos, actitudes y palabras de aquellos desconocidos. Hay lugares y personas que son ricos, sin saberlo, en potenciales historias. Con algunas de ellas en la cabeza, pago y salgo de nuevo al frío invernal. Tengo una mesa reservada para almorzar no lejos de aquí.

Uno de los tesoros de MacDougal Street es Minetta Tavern, llamada así por Minetta Brook, el arroyo perdido que corre por debajo y que aún se adivina en el asfalto serpenteante de la calle, desembocando en el ruidoso mar de coches de la Sexta Avenida. Llego puntual y la chica, tras comprobar su lista, me acompaña a la mesa en el salón interior. Adornada con maderas oscuras, pisos de baldosas de tablero de ajedrez, banquetas rojas y paredes forradas de caricaturas, sigue siendo la taberna por excelencia de esta ciudad, y los nombres de sus platos, fieles a su extensa clientela, son un viaje al Nueva York de los años treinta de la Ley Seca, los *gánsteres* irlandeses brindando junto a los *gánsteres* italianos antes de matarse entre ellos, los músicos de *jazz* del Blue Note, los duros reporteros de la Gran Guerra, las comprometidas feministas de pelo corto y falda estrecha, y los poetas trágicos de la Beat Generation. Leo la carta como si recitara unos versos de Gregory Corso: «Ostras a la parrilla con panceta en mantequilla de chile de Fresno; pechuga de pato Long Island terminada con una salsa Bigarade clásica; *pommes aligot,* batido en sumisión y cargado con ajo, mantequilla y cuajada de queso *cheddar;* suflé de chocolate agridulce». El camarero, un italiano de hombros anchos y sonrisa napolitana, espera, paciente, mi recital poético, que disfruto hasta los postres, aunque hoy el dulce lo pondrán los libros, a los que acudiré después del almuerzo. Atendiendo a una vieja tradición, pido un Tom Collins y la Black Angus Burger, que devoro con delectación porque se trata, y lo confirmo cada vez que vuelvo a la Minetta, de la mejor hamburguesa de la ciudad.

Fuera el frío arrecia y comienza a caer la luz, aunque apenas son las tres y media de la tarde. Las farolas de Broadway a la altura del número 828 se encienden mientras cruzo la avenida en dirección este, justo en la esquina con la 12th. Allí sigue, como una fortaleza indestructible, Strand Bookstore, la mejor librería de Manhattan y uno de mis lugares favoritos del planeta Tierra. En las últimas visitas, la distribución interior había cambiado, pero aún recuerdo la expectación al subir, después de un rato mirando novedades editoriales en la planta baja, al último piso, donde se alineaban en vitrinas cerradas de cristal los volúmenes más valiosos, libros raros y ejemplares únicos. De las más de «18 millas de libros» que tapizan las paredes de este edificio, algunos de los cuales han cruzado el Atlántico en mi maleta, aquel tenía luz propia: era una primera edición de *El agente secreto* con el autógrafo de su autor, Joseph Conrad, plantado en la portadilla, añadiendo unos cuantos ceros más al ya elevado precio del libro. La librera, que no se despegaba de mi lado, comenzaba a mirarme inquieta, pues yo no terminaba de soltarlo. Trataba de memorizar cada trazo de aquella firma y eso llevaba su tiempo. Al final me lo arrebató con un suave tirón y la sonrisa congelada. No me importó. Ya había grabado en la retina cada milímetro grafológico llevándome conmigo aquel detalle: al firmar, el viejo capitán cruzaba la C de su apellido con una línea transversal, como si trazara una recta de altura en una carta náutica.

El fin de semana lo reservé para volver al Flea Market del Soho y las tiendas singulares de Canal Street, la arteria consumista de Chinatown. De esas mañanas de sábado y antigüedades aún conservo una preciosa boquilla de plata y baquelita con la que, en tardes nostálgicas, me fumo uno de los últimos Player's que aún conservo mientras releo alguna novela de Oppenheim pasada de moda, ambientada en la Costa Azul. También aquí, años atrás, compré en una tienda militar la bolsa reglamentaria que los pilotos de la United States Air Force usan para guardar sus cascos. Aquella bolsa negra de nailon, cuadrada y resistente con cremallera metálica se convirtió desde entonces en un elemento indispensable de mi vida y mis viajes. Elegante, masculina y cómoda, a mí me parece perfecta: un poco más grande que un bolso Birkin y un poco más pequeña que una maleta Samsonite, permite transportar bastantes libros, así como lo imprescindible para desaparecer del mapa y comenzar de nuevo en cualquier lugar. Lo bueno de no poseer demasiado es que todo lo que te importa cabe en una bolsa de piloto americano.

Ha caído la noche sobre esta gigantesca luciérnaga de cristal. Estoy tan cerca del final que casi puedo oler la sal del océano, como un soldado cansado de la Anábasis. El ferri que cruza el Hudson sale puntual hacia Brooklyn, que es mi Ítaca en este viaje.

El frío condensa la respiración, envolviendo a los pocos viajeros dispersos por la cubierta de metal en una neblina gris. Por la popa, la estela negra señala un punto indeterminado y lejano hacia el este donde en una piscina de la Gold Coast sigue flotando, para la eternidad, el cadáver del gran Gatsby. Por la proa, en el extremo más occidental de esta larga isla, se adivina Coney Island, la vieja «isla de los conejos» convertida, con su inconfundible Wonder Wheel y el parque Astroland, en un paisaje de cine. Justo cuando el ferri toca tierra, comienza a llover. Es una llovizna suave y helada, casi aguanieve, así que me apresuro hacia el porche de madera del River Café. Este restaurante es, desde finales de los setenta, una atalaya exclusiva con vistas en primera fila al espectáculo nocturno del Downtown. No tengo reserva, y eso es algo imperdonable en esta ciudad, pues te convierte inmediatamente en un *outsider* urbano. El jefe de sala levanta una ceja mirando mi pelo mojado y la gabardina empapada. «*I am sorry, madam*», y sigue ajetreado, a lo suyo, dejándome en el dintel de la felicidad.

Camino por Water Street sintiéndome como ese gato llamado «Gato» que se perdió lejos de Tiffany›s. La lluvia arrecia, así que corro a refugiarme bajo la estructura metálica del Brooklyn Bridge y entonces lo veo: se trata de una pequeña construcción de ladrillo rojo rodeada por un jardincillo con media docena de sillas de hierro ahora desiertas. En un viejo tablón de madera colgado en la fachada se anuncia el paraíso: Luke's. *New York's best lobster roll*. Tal vez no fuese este el lugar preferido por Gatsby para una cena glamurosa, pero sé que Scott y Zelda lo habrían elegido sin dudar. Elegantemente vestidos (él de frac oscuro, ella con abrigo de marta blanca sobre los hombros), se habrían mirado a los ojos, divertidos, masticando su trozo de langosta de Maine bajo el puente de Brooklyn deseándose en ese momento tanto como Harry cuando encontró a Sally. Aunque, pienso devorando esta delicia, estoy completamente convencida de que, si Meg Ryan hubiese probado este *lobster roll* de Luke's, no habría tenido que fingir el orgasmo.

19

La Costa Azul: Suave es la noche

*«Emprender un viaje en la juventud
es como verse lanzado a la eternidad».*
J. Conrad.

Cuando el avión toca tierra en el pequeño aeropuerto de Niza, la luz azul certifica la denominación de este trozo curvo del Mediterráneo. Para una viajera del sur acostumbrada a los veranos cegadores, la luz no debería ser una noticia, pero aquí lo es. En los primeros meses del año, que es cuando suelo volver, el cielo brilla casi tanto como los dieciséis mil trescientos nueve cristales de Baccarat de la lámpara de araña de la *royal lounge* del Negresco. Por desgracia, se apaga con rapidez pues, reivindicando su naturaleza de estrella, el sol *niçois* de febrero es explosivo y efímero. Por el contrario, la historia de Niza sigue siendo eterna: de origen griego, Niza procede de la palabra *Niké* o *Nicaea*, que significa «victoria». Y es que su nombre fue puesto en honor a la batalla que los griegos focenses, enamorados de su puerto natural, ganaron a los ligures de estas tierras.

El vuelo desde Madrid es cómodo y rápido y se adapta a este mundo nuestro que prefiere viajar con prisas. No sé exactamente en qué momento el viajero moderno dejó de sentir Europa bajo el traqueteo de los raíles y prefirió mirar pantallas en las salas de embarque de los aeropuertos. Poder tomar, por ejemplo, un tren a primera hora de la mañana en Barcelona y llegar a Marsella con una breve parada en Montpellier, a media tarde. Y una vez allí, hacer noche en algún hotelito de la Rue Sainte, tan literaria y tan conradiana (el escritor Joseph Conrad vivió allí un tiempo de su juventud), amaneciendo con un café turco en el mismo puerto donde el muchacho, de orígenes aristocráticos, paseaba por los muelles desiertos «extraordinariamente blancos bajo la luz de la luna» hace casi un siglo. La historia de seducción entre Conrad y la Costa Azul permaneció intacta en sus recuerdos y con la nostalgia del final, el viejo capitán evocaba Marsella como «el lugar donde por primera vez pude ver con claridad qué es el mundo y qué es la vida». Se refería, claro está, a que Marsella había sido el marco de su primer amor.

Fiel a su temperamento dual, aquel joven marino vivía la ruda vida portuaria de Marsella, pero al mismo tiempo se las arregló para que una de las familias más poderosas de la ciudad lo acogiera en su círculo de amistades. *Madame* Delestang y su esposo, un anciano armador, lo adoptaron convenciéndolo para formar parte de la causa monárquica. El matrimonio soñaba con restaurar la corona española apoyando al pretendiente carlista. Tal vez la belleza madura de la señora Delestang, el roce de su mano en las noches de ópera o su mirada orgullosa cuando lo veía salir del Café Boudul de la Rue Saint-Ferréol, conciliábulo de conspiradores de la ciudad, fue lo que decidió al joven aventurero a involucrarse en el contrabando de armas para los partidarios carlistas en España. Amores prohibidos, duelos, intrigas políticas, amigos traidores, un disparo que casi acaba con su vida, su asignación anual perdida tal vez en una apuesta en Montecarlo, el suicidio de una joven y enamoradiza posadera, las cartas del tutor amenazando con retirarle la ayuda económica, aquella intensa relación con la seductora Paula, la actriz amante del mismísimo Carlos de Borbón... Todo aquello se fue enredando peligrosamente, por lo que para Conrad los días turbulentos de la Costa Azul finalizaron con una brusca partida a bordo de un navío inglés rumbo a Constantinopla. Y aunque el novelista destruyó sus notas de entonces, nada se perdería, pues aquellas aventuras y aquel amor se transformaron con el tiempo en una novela: *La flecha de oro*. Una de mis preferidas. Siempre soñé lucir en mi vejez un pasador de oro con forma de pequeña saeta como el de doña Rita, la protagonista, para poder sujetar, como ella, el cabello y la soledad.

Otra manera de acceder a Niza recurriendo a los pausados caminos de hierro es viajando desde París en el Train Bleu, arrancando el viaje desde el mítico restaurante de la estación de Lyon.

Este acogió bajo su acero *art déco* y sus hermosos murales con paisajes azules a lo más selecto de los viajeros europeos, que arrebujados en sus pieles tomaban el último café entre toses asmáticas, antes de partir rumbo al aire salado y cálido de la Riviera. Entre ellos, una simpática muchacha inglesa tuvo la ocurrencia de imaginar un nuevo caso de asesinato para su famoso inspector Hércules Poirot. El misterio y la sangre quedaron unidos para siempre a este tren glamuroso, como ya ocurriera con el Orient-Express. El fantasma de *miss* Agatha Christie sigue viajando, imperturbable, en sus vagones.

Aquella Niza ya no existe, pero es fácil recrearla porque casi todos los que la amaron escribieron alguna vez sobre esta ciudad de doble filo (una arista francesa, otra italiana) fijando su perfil elegante en la historia. Adaptada por la aristocracia europea a los paseos invernales de sol, los palacetes construidos en un primer momento de espaldas a la bahía de los Ángeles fueron sustituidos por elegantes villas a orillas del mar, donde los extranjeros templaban sus dolencias en el paseo marítimo que los locales comenzaron a llamar, despectivamente, *promenade des anglais*, o sea, «el paseo de los ingleses», a pesar de que este paseo era absolutamente multinacional: por allí deambularon Stefan Zweig, Gaston Leroux, Jean Cocteau, Gogol, Maupassant, Nabokov, Mann, Huxley, Wells, Daudet, Mallarmé, Paul Valéry, Colette, Coco Chanel, Roth. Fantasmas brillantes y tísicos de todos los rincones del mundo.

Entre los Alpes y el Mediterráneo se desenvuelve la capital de la Costa Azul, que, en su casco antiguo, hacia la montaña, es laberíntica, pétrea y piamontesa, rematada por el barrio burgués de Cimiez, donde Matisse, después de abandonar el Hotel Beau Rivage y a sus escandalosos vecinos, los Fitzgerald, se trasladó a un espacioso cuarto en el Regina Palace. Allí en lo alto, un poco más cerca del cielo azul, pintaba palmeras, desnudos y luz mientras en el horizonte flotaba, difuminada, la isla de Córcega.

A medida que la ciudad se acerca al puerto y al mar, se vuelve provenzal y sofisticada, con la cúpula rosa del Hotel Negresco como un faro *art nouveau* que ilumina los diez kilómetros de *promenade* jalonada de elegantes construcciones en un orden casi museístico: el Hôtel Méridien con el Casino Ruhl cuya sombra de elegancia rivalizaba con la Jetée-Promenade, ese cenador de hierro y madera sostenido sobre pilotes donde rompían las olas y que hoy solo existe en los cuadros y las fotografías. El Savoy Palace, pionero en perpetuar una larga tradición de hoteles; el Palais de la Méditerranée, construido sobre los restos de un viejo palacio veneciano bajo cuya fachada, catalogada *Monument Historique* el 18 de agosto de 1985, el guapo y revertiano Max Costa desayunaba a la espera de una nueva aventura o conquista. Todavía hay que dejar atrás el Hôtel Westminster, el Palais Fiora y la Villa Masséna con su napoleónico jardín, para llegar por fin al número 37 de la Rue de France, donde los porteros del Hôtel Negresco, ataviados con unos llamativos uniformes, reciben a la clientela de hoy, básicamente rusos millonarios y potentados de Abu Dhabi que pasean su ostentoso lujo sin reparar en los tesoros artísticos de las paredes, las escaleras, los corredores o las habitaciones, decoradas con un punto de exceso muy al gusto de su propietaria, Madame Augier, hija del carnicero constructor que compró en los años cincuenta lo que quedaba del arruinado Negresco, dándole una segunda oportunidad de esplendor.

Me gustan esas habitaciones barrocas, modernistas y variables. Cuando el discreto jefe de recepción te entrega la llave es inevitable que, mientras caminas sobre la moqueta vanguardista del pasillo, imagines, ilusionada, cómo será el aspecto de tu domicilio en el paraíso: la *suite* Napoléon, con las cortinas de seda ocre salpicada de pequeñas abejas bonapartistas bordadas en oro, o la Cámara Ives Klein, con una *Venus de Milo* de escayola pintada con aquel inconfundible pigmento eléctrico y firmada en la base por el artista. Una referencia que, pensándolo bien, tiene sentido, pues muy cerca de aquí, en Hyères, vivió Olivier Voutier, el oficial inglés que descubrió, en 1890, la escultura de esta diosa bajo la isla griega de Milo. Al morir, se hizo enterrar en el jardín de su villa, que años después compraría Edith Wharton, llamándola para la eternidad Castel Saint-Claire. Pero esa es otra historia.

Ha habido suerte: estos días dormiré en la *Habitación Geométrica*, con su enorme cabecero hecho de teselas de espejo en el que por las mañanas las palmeras de Matisse se reflejan coquetas y fragmentadas.

Me gusta esperar la caída del sol en Le Relais, el bar inglés del Negreco que aún conserva su marquetería de 1913. El Bloody Mary muy especiado, con pepino, es un milagro de la coctelería y lo sirven junto con unas aceitunas de un verde brillante que me hacen recordar aquellas esmeraldas del collar de Elizabeth Taylor olvidado por su intermitente marido, Richard Burton, tras una noche de alcohol, sobre una de estas mesas.

El Negresco cuenta con un reconocido restaurante, Le Chantecler, aunque yo prefiero salir a dar un paseo tranquilo bajo la luz de la luna porque a esa hora la *promenade* está casi desierta. El silencio cálido tienta a caminar hasta uno de los animados restaurantes del Cour Saleya, junto al Mercado de las Flores, pero al final me dejo vencer por la tradición. Y es que realmente no hay nada comparado con el *chateaubriand pour deux personnes* del restaurante Le Siècle, flambeado en la mesa por el *maître* Federico. Elegante y divertido, a los postres, y si no hay mucho público, me cuenta anécdotas de su trabajo. *«J'ai des millions d'histoires, mademoiselle»*, me dice con el orgullo cansado del que ha llegado a conocer muy bien a la especie humana. *«Je me souviens, par exemple*, de aquella pareja encantadora que solía venir cada noche durante el tiempo que pasaban alojados en Niza. Él maduro y elegante, ella joven y bellísima. Una pareja amable, discreta como tantas, pensé yo. Entonces ocurrió algo singular. La llama del flambeado del *chateaubriand* de *monsieur*, descontrolada por unos segundos, saltó rozando el rostro del hombre. *Mon Dieu!* Él siguió, impasible, bebiendo su Nuits-Saint-George sin ni siquiera girar la cabeza. Y, *madame. Oh, la, la!* Nunca había visto una mirada así dirigida a un hombre: un cóctel sensual de admiración, orgullo y deseo. *Le regard de l'amour parfait».* Brindamos con las luces del restaurante ya apagadas y me despido de Federico hasta la próxima. De camino al hotel pienso que, efectivamente, puede que existan miradas de amor perfectas, pero de nada servirían si no existiesen *maitres* observadores capaces de narrar estas historias como quien decanta los posos de belleza de la cotidianidad.

El amable taxista ya espera en la puerta. El amanecer es fresco y brumoso, y recorrer la escarpada carretera de Villefranche sur Mer a aquella hora le hace a uno sentirse como como si huyera con un collar de perlas robado por Cary Grant. «En Mónaco se siente la presencia de Fantômas, igual que en Grecia se siente la de Homero», decía Jean Cocteau. Desde la terraza Belle Époque del café de París y como quien asiste a una obra teatral del surrealista francés, miro los imponentes coches de cristales tintados y a sus sofisticados dueños entrar y salir del hotel y el casino preguntándome si alguno de ellos sabrá siquiera quiénes fueron Allain y Souvestre.

Llama mi atención una pareja que desentona en el Montecarlo artificial de hoy: un anciano erguido y elegante de porte clásico como un busto en mármol de Adriano charla animadamente con su acompañante, una muchacha muy joven, casi una niña, de paso inseguro o tal vez solo tímido. Sin poder evitarlo, he pensado en Michel de Crayencour y su hija, que vivieron un tiempo muy cerca de esta plaza, en Villa Loretta.

Cuando una muchacha sensible crea un vínculo así con su padre y cuenta, además, con la compleja complicidad del progenitor, de alguna manera terminará atrofiando su sexualidad de mujer madura, sus pasiones, su fertilidad, su independencia intelectual. En este caso, en el jardín de una quimera moría Marguerite de Crayencour, pero, afortunadamente para la literatura, nacía Marguerite Yourcenar.

Cruzo la plaza para dirigirme al bar Américain del Hôtel de Paris Monte-Carlo, que, con su sobrio estilo *déco* de sillones de cuero y pesadas mesas de madera color tabaco, es perfecto para casi cualquier cosa, aunque hoy solo voy a necesitar un almuerzo ligero. En un francés poco razonable pido *un bloc de foie gras d'oie* y una copa de Chateau d'Yquem mientras los fantasmas literarios exigen, con todo su derecho, un poco de atención. Frente a esta copa llena de uno de los líquidos más caros del mundo, desearía que me dejaran por un momento en paz, pero es injusto olvidarlos: aquí vivieron y se amaron Coco Chanel y el duque de Westminster, Collette y Missy, Oscar Wilde y *lord* Alfred Douglas. Los nombro en silencio por detrás del vino color ámbar, disfrutando sin prisas de su dulzor cálido, sensual y antiguo, y me asalta la sensación, mientras mastico el hígado lechoso y dulzón, de que este almuerzo es carnal, exquisito y cruel, como el destino y la memoria. Miro el trozo de *foie* reluciente; un órgano con funciones excretoras convertido por obra del refinamiento humano en un diamante culinario. En Francia incluso posee rango real desde que, a fines del siglo XIX, el cocinero del Mariscal de Estrasburgo lo preparara con tal pericia que el mismísimo rey Luis XVI, tras probarlo, decidió premiarle con veinticinco pistolas de oro y un trozo de tierra. Pero la historia de las ocas y su hígado artificialmente hinchado no comienza en la *french cuisine*, sino en el Egipto imperial, donde las sobrealimentaban a base de higos para que acumularan reservas de energía antes de que emigraran. Hay quien, por el contrario, defiende que esta crueldad *gourmet* es de origen hebreo, pues aún hoy los hígados de las ocas de Judea se preparaban a la manera tradicional *kosher*, que consiste en desangrar y desvenar la oca de forma que no quede rastro de sangre.

El camarero me alarga la cuenta con el desapego de quien cree saber que su reino no es de este mundo y los mareantes ceros del final cortan de golpe el hilo de pensamiento literario que hasta ahora era capaz de engarzar con naturalidad las cosas más dispares: diamantes, hígados, imperios, pistolas. Añado a la cuenta una propina que me obligará a reducir una noche de hotel, y me despido de la carta de postres insistiendo en mi francés lejano de colegio privado:

—Creo que prefiero cambiar de escenario, ¿por qué tomarlo aquí pudiendo hacerlo sobre las olas del mar?

El taxi me espera y el camarero, que me había atendido con un rictus helado, distante y altivo, se transforma en un solícito mayordomo que ahora se precipita a abrirme la puerta bajando las escalinatas delante de mí para hacer lo mismo con la del coche. Le alargo con ensayada discreción las últimas monedas que me quedan en la cartera (y tal vez en la cuenta bancaria) y me despido de Montecarlo como el que acaba de perderlo todo jugando al Black Jack en su casino.

Ponemos rumbo a Antibes, que refulge con descaro bajo el sol. Hay mucho de aquellos felices años veinte en este trozo de playa dorada y en el desenfado exclusivo de sus míticos hoteles. El Eden-Roc, donde aterrizó aquella pareja de millonarios norteamericanos, los Murdoch, permanece cerrado los primeros meses del año. Subido en un promontorio rocoso sobre la playa de La Garoupe, fue durante un tiempo el refugio perfecto para aquellos muchachos de entonces: Pablo Picasso, Cole Porter, Dorothy Parker, Hemingway, Zelda y Scott Fitzgerald.

Estos últimos terminaron trasladando su inestable relación a una casa en el malecón Jean-les-Pins: «Villa St. Louis», convertida con el tiempo en el Hotel Belles-Rives, frente a cuya puerta se detiene por fin nuestro taxi. Ha pasado casi un siglo desde que F. Scott Fitzgerald viviera aquí tratando de terminar *El gran Gatsby,* lo cual no era tarea fácil, pues tenía que calibrar el tiempo de escritura con el de amigos, borracheras, *soirées* interminables y escenas de Zelda, siempre excesiva, que podía arrojarle a la cabeza, en un arranque de ira, la cristalería completa de Murano, tumbarse, celosa, bajo las ruedas del Rolls de Isadora Duncan o lanzarse al mar a media noche desde la roca más alta, vestida de blanco satén.

El Fitzgerald Bar del hotel es una estancia decorada a modo de joyero *decó* con un piano de cola, mesas con espejos y pequeñas sillas tapizadas con leopardo y puertas francesas que se abren al mar. Aquí las palabras de Gatsby adquieren una dimensión premonitoria: «Creía en el fastuoso futuro que año tras año retrocede ante nosotros. Y así seguimos, luchando como barcos contra la corriente, atraídos incesantemente hacia el pasado».

Pido un Dry Martini y dejo que Fitzgerald y el resto de su *jazz age me* atraiga incesantemente hacia donde sea. De momento, no hay ningún barco a contracorriente, solo yates lujosos de bandera rusa estáticos sobre el oleaje de la bahía y el salitre evaporándose en remolinos de luz tan cegadores que me obligan a ponerme las gafas de sol. Se está bien aquí. Pasaré una noche y mañana aún podré conseguir llegar, con ciertos limitados recursos, al final de este viaje.

El día en Cannes está oscuro y desapacible, con un viento ensordecedor y obras de acondicionamiento en el paseo marítimo que cortan el camino del paseante. Empieza a llover y la melancolía se me enreda en las nubes. El día no es propicio para lucir ningún modelo elegante en la alfombra roja del festival de cine, pero sí tal vez para recordar a Matisse, cuya llegada a Cannes por primera vez también fue decepcionante.

Un tórrido verano, el pintor, afincado en Niza, se acercó hasta Cannes cargado de cuadernos de apuntes con la ilusión de poder contemplar a las chicas nadadoras de Palm Beach y dibujar unos bocetos del natural, pero cuando llegó le informaron de que la piscina estaba cerrada. Sin saber muy bien qué hacer, con su oronda presencia deshidratándose bajo aquel sol, arrojó con ira los cuadernos y lápices al suelo. Luego regresó a casa y a golpe de tijeretazo recortó en brillante papel *gouache* a sus bañistas, colgándolas en las paredes de su habitación del Hotel Regina nadando, esbeltas, para la eternidad.

Por suerte para mí, el Hotel Carlton sí está abierto y su glamuroso bar nunca podrá decepcionar. Un Rolex dorado de pared marca el ritmo cinematográfico de los recuerdos y el fin de mis días en la Costa Azul. Si uno presta atención, puede ver aparecer por el *hall* la belleza serena de Grace Kelly caminando, aunque ella no pudiera saberlo entonces, entre la línea que el destino trenzaba para separar a la actriz de la futura princesa. Se pueden oler los claveles encargados por el duque de Chartres para la batalla de las flores de la Croissette; descubrir a Man Ray fotografiando a Kiki de Montparnasse sin traje de baño; a Maupassant navegando a lo largo de la línea de la costa en su velero Bel Ami o a Nabokov cazando mariposas en las alturas de Esterel a modo de metáfora de su pasión por las muchachas jóvenes, como la que sentía entonces por la última de sus amantes, la joven Irina.

—*Si la dejas, te convertiré en un novelista famoso* —*le dijo un día su esposa, la controladora Vera*—. *Tengo dinero e influencias; sin mí nunca serás nadie. Y lo sabes.*
—*Te juro que sin ti no podría escribir ni una palabra; por tanto, y para no poner en peligro nuestro amor ni mi carrera, dejaré de verla, de escribirle cartas, de pensar en ella. Esta vez es verdad. Te doy mi palabra de honor.*

Irina, desesperada y sin noticias de su amante, pidió dinero prestado y viajó en el Tren Azul de París a Cannes. Aquella noche durmió acurrucada en la playa, y a la mañana siguiente, cuando la familia Nabokov bajaba a pasear con su hijo, se sentó en la arena cerca de ellos. La mirada del escritor se posó en los ojos azules de la muchacha que tanto decía amar, y, sin el menor gesto de reconocimiento o emoción, siguió mirando la línea del horizonte. Años después, Irina Yurievna Guadagnini contaría su historia en una novela dolorosa y desconocida. La balanza del reconocimiento y la eternidad se inclinó aquel día, en estas mismas playas oscuras donde espero en soledad mi taxi de regreso, hacia la inmortalidad del miserable hombre; del grandioso escritor.

20

Londres: La mujer que venció a Sherlock Holmes

> «No hay ninguna rama de la ciencia detectivesca tan importante y tan descuidada como el arte de trazar pasos».
> Sherlock Holmes.

Mi nombre sigue siendo Watson, pero Londres ya no es la misma ciudad de entonces. Durante muchos años había sido un lugar de aventuras, amistad y misterios. Callejones envueltos en niebla espesa, asesinatos brutales, enigmas en la calle de «los panaderos», medallas al valor, elegantes gabardinas, victorias legendarias, bombardeos, herretes de diamantes, cruces de amor en mitad de la *city*, torres siniestras, trenes misteriosos y nuestra amistad inmutable como el tiempo medido por el Big Ben. Hasta que ella apareció de nuevo.

Baker Street es ahora un museo atiborrado de objetos y gente. Por eso se alojaron en Montague Street, en el corazón de Bloomsbury. Y es que ahí había comenzado todo: un joven Holmes sentado en la sala de estudio iluminada por las primeras lámparas eléctricas de Europa se entretenía en tratados de huellas

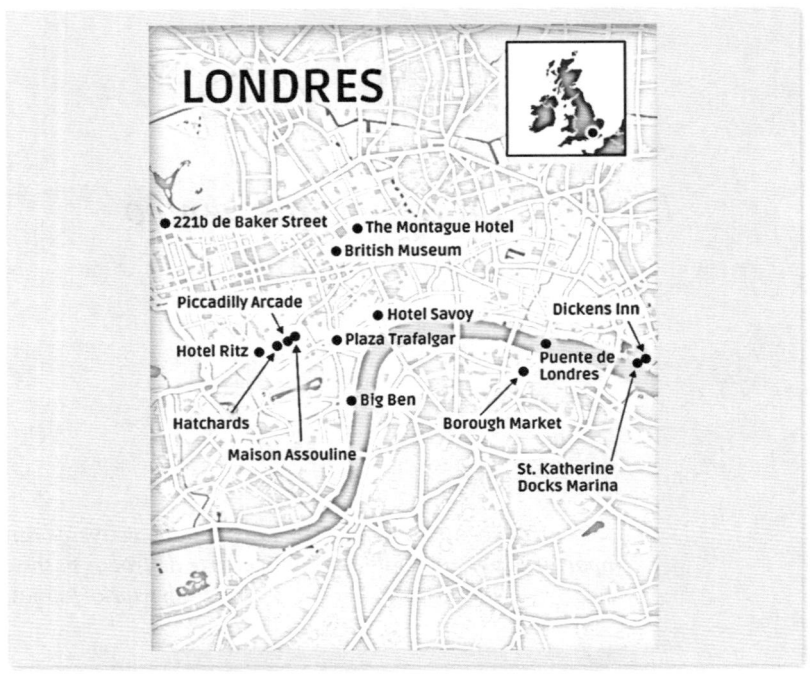

y cenizas de cigarros mientras lejos, en Bohemia, un escándalo de amor terminaba con un matrimonio ajeno, algún corazón roto, unas cuantas fotografías y una hermosa dama regresando sola y despechada a Londres. Yo escribí aquella historia, no lo olvido. Hoy imagino a Holmes riendo a carcajadas con a esa bella dama, desnudos y abrazados en la cama victoriana del Montague on the Gardens Hotel, recordando aquello; burlándose de mí:

—Watson nunca habría entendido mi pasión por ti, Irene. Por eso se me ocurrió aquella historia: tú desaparecías, Bohemia respiraba tranquila sin escándalos a la vista, y yo era derrotado por primera vez en mi vida. Elemental.

Las mañanas luminosas de junio eran siempre una tentativa de verano. Pero no había que dejarse engañar por las apariencias, porque el clima de estas islas cambia constantemente.

Las nubes comenzaban a cubrir la cúpula de cristal del British Museum, así que aceleraron el paso. Les gustaba pasear temprano por ese templo atiborrado de fragmentos del mundo antes de que los turistas en masa rompiesen la magia, cuando el silencio permitía mirar de otra manera los objetos acumulados: momias resecas en sarcófagos dorados; sacerdotes asirios en filas ceremoniales; leonas heridas; hermosos dioses griegos; piedras negras como enigmas; blancos trozos del Partenón; un extraño ajedrez vikingo encontrado en una playa escocesa; serpientes aztecas turquesas como el Pacífico; la armadura solitaria de algún valiente *ronin* y, en el centro de todo, aquella biblioteca cubierta por un perfecto cielo neoclásico.

Luego tomaron un taxi, uno de esos *black cabs* que pueblan esta ciudad, pesados y oscuros como góndolas del asfalto, cuyo amplio espacio interior aprovecharon para continuar lo que había quedado suspendido en la habitación: la mujer desnudó uno de sus pies para acariciar con la seda de las medias el pantalón de Holmes sin dejar de mirarle a los ojos. Él le sonreía como solo lo vi hacer la tarde que encontró, en un polvoriento anticuario de Tottenham Court Road, aquel Stradivarius.

Comenzó a llover con suavidad cuando bajaron del coche. Cruzaron en transversal bajo la elegante Piccadilly Arcade en dirección a Jermyn Street. Charlaban animados sin prestar atención a los escaparates. Una breve parada frente Benson & Clegg me hizo dudar, pero cuando vi aquel beso interminable y clandestino deduje que no se detenían allí para admirar las bonitas corbatas a rayas en representación de los regimientos. Continuaron su camino dejando atrás los pequeños templos del *bespoke* más exclusivo, que en otros tiempos habían hecho las delicias de mi compañero. Al pasar de largo por Turnbull & Asser sin ni siquiera mirar su escaparate comprendí que, efectivamente, Holmes se había enamorado. Él adoraba esas camisas a medida que habían vestido la vida elegante del gran Gatsby o de James Bond, por no hablar de aquel seductor pijama masculino de la condesa de Hong Kong. Sin embargo, al llegar a la sombrerería Bates entraron decididos. Al poco, bajo la lluvia que empezaba a arreciar, él salió con un sombrero de gabardina de ala corta y ella con un fedora azul oscuro casi negro. Se detuvieron un momento, justo bajo la ventana de la casa de Newton, y volví a ver en los ojos de mi compañero aquella mirada.

—*Eres la cosa más linda que hay bajo un sombrero en todo el planeta.*

Caminaban del brazo bajo la lluvia hacia Piccadilly. A esta hora y en esa dirección no podían ir más que a un lugar. Los seguí. Declinaron la elegante belleza de Maison Assouline y la popular Waterstones, y entraron en Hatchard's, flanqueados por el león y el unicornio. Los libros requieren su tiempo, y por eso me senté a esperarlos en la cafetería que da al jardincillo de Saint James Church. Al terminar mi café, el sol volvió a asomar tímidamente. Al cabo, los vi pasar con un par de bolsas y tomar un taxi hacia el sur.

A esa hora, Borough Market permanecía tranquilo. Cruzaron por entre cocineros de todas las razas que a esta hora andaban atareados en los preparativos de sus *takeaways*, bajo los arcos del ferrocarril del London Bridge, envueltos en el humo de las *samosas chaat* y los *fish and chips*.

Charlaban animados, cogidos por la cintura buscando, al otro lado del mercado, la orilla del Támesis.

—*Ahí tienes el viejo Globe* —dijo ella—. *Todos se hacen fotos, compran souvenirs o aguardan pacientes su turno de acceso, pero muy pocos se paran a escuchar las voces que aún resuenan en el centro de su círculo.*

—*Supongo, bella mía* —dijo él guiñándole un ojo—, *que solo podemos oírlas aquellos que estamos hechos de la misma materia que los sueños.*

Cerca de allí, atracado como atracción turística, aquella mole acorazada había sido uno de los barcos más potentes jamás construidos por la Marina Real; un auténtico veterano de la Segunda Guerra Mundial y de la guerra de Corea.

Cruzaron al otro lado del puente donde, invisible por los rascacielos de cristal, se esconde St. Katherine Docks Marina, un pequeño puerto para veleros en mitad del alboroto de la ciudad. Pidieron una cerveza en el Dickens Inn y la saborearon despacio, los pies apoyados en las barandillas de metal de la terraza que se abría a aquel trozo de río escondido, mientras oían el tintineo de las drizas al chocar con el palo mayor de los veleros. Les divertía imaginar que el viejo Joseph Conrad cruzaba la línea de sombra para venir a sentarse junto a ellos recordando sus días de mar y viento, cuando la juventud le hacía creer que todo aquello no era la vida, sino solo una aventura.

La lluvia intermitente cesó, dándoles un respiro. «Te invito a un *lunch* en el Savoy», le dijo ella. «Te lo cambio por una cena en el Ritz», le contestó él. Reían ambos, divertidos. Se estrecharon los manos muy serios, como duelistas anacrónicos. Conrad tal vez los habría considerado amigos.

El Savoy rebosaba de comensales, y no sin razón. Su filete Wellington era casi tan conocido como Trafalgar Square, y mucho más frecuentado. Esperaron bebiendo un Bloody Mary en el mítico Beaufort Bar. El pavimento ajedrezado estaba cubierto por una capa brillante de polvo de estrellas derramado allí durante décadas por una lista interminable de inmortales; desde Sarah Bernhardt hasta Marilyn Monroe, pasando por Marlene Dietrich, Mary Pickford, Al Jolson, Cary Grant junto con Virginia, la primera de varias esposas. Tallulah Bankhead, John Wayne, Ava Gardner y Frank Sinatra (antes, durante y después de su matrimonio), Vivien Leigh, los hermanos Marx, Laurel y Hardy, Bob Hope, Sophia Loren y Gina Lollobrigida, luciendo sus vestidos de gala con escote a la italiana. La delicadeza musical se abría paso también en sus *suites*, donde descansaron su talento Giacomo Puccini, María Callas, George Gershwin, William Walton, Bob Dylan y Los Beatles.

Casi de puntillas por entre una multitud de fantasmas, abandonaron aquel lugar, deseando regresar a la soledad de su cuarto con el cartel de «no molestar» colgado durante horas en la puerta. Enredados y felices, habrían dado cualquier cosa por no tener una mesa reservada, pero un compromiso era un compromiso, aunque fuese con el *maître* desconocido del restaurante de un hotel. Se vistieron con prisa de enamorados, besándose con urgencia en cada trozo de piel que el otro iba cubriendo con ropa. Llegaron al restaurante tan solo un par de minutos después de la hora. Chaqueta oscura y camisa blanca él; satén azul y espalda descubierta ella. La chica de la puerta los miró desde el atril de reservas. Olían a sexo y a amor. Sin mover un solo músculo de la cara les preguntó en un impecable *queen's English* casi susurrado: «*Have you brought your tie with you?* Si no es así, puede pedir una en el guardarropa, *sir*».

Holmes la cogió de la mano. «Me haces descuidar mis obligaciones sociales. Ven, te necesito para elegir una maldita corbata».

La corbata era ancha, anticuada, en tonos marrones. Digamos que no era un modelo que encuentres con facilidad en Charvet o Marinella. Pero gracias a aquel suceso, ella fue testigo de uno de los gestos más inolvidables y seductores que jamás recordará haber visto en un caballero: usando como improvisado espejo el cristal de la caja de un extintor de pared, las piernas un poco flexionadas para encuadrar el reflejo, en pocos segundos se ató la corbata moviendo con agilidad los brazos fuertes de pugilista, reproduciendo los giros hasta conseguir un nudo pequeño, estrecho, acomodado a su cuello masculino. Se volvió hacia ella con unos ojos verdes sonrientes y divertidos, fuera de tono en el envarado Ritz, pero absolutamente coherentes con la elegancia de aquel hombre con aspecto de muchacho irreverente y cosmopolita.

Aquella noche ella lo amó como nunca, y a la mañana siguiente él insistió en llevarla a la National Gallery. «Tenemos algo importante que hacer allí», le dijo sin más explicaciones. Se pararon frente a *La batalla de San Romano.*

—Hemos perseguido juntos las tres batallas de Uccello en París, Florencia y Londres amándonos durante años entre las lanzas y el misterio. Esa unión nos hace únicos e invencibles. Con este cuadro se cierra nuestro círculo. Cásate conmigo —le dijo, ajustando en su dedo un anillo.

Ella miró aquella piedra brillante y singular sin responder y luego lo besó dulcemente. Al día siguiente, tomó un avión interponiendo la interminable lluvia londinense entre ambos.

....

Poco a poco, la normalidad retornó al 221 B de Baker Street, pero Sherlock no dejaba de buscarla. Un día llegó hasta nosotros la noticia de un extraño caso que, a pesar de todo, mi amigo rechazó con firmeza: un manuscrito robado, un club de admiradores de Dumas y unos diabólicos asesinatos. Alguien dijo que la habían visto mezclada en todo eso junto a un cazador de libros en España y que, aunque con el pelo más corto y vistiendo tejanos y zapatillas de tenis, sin duda era ella. Ninguna otra mujer en el mundo podría lucir en su dedo anular un holmesiano, inconfundible, carbunclo azul.

21

Buenos Aires: Somos inmortales

Buenos Aires es para mí, en mitad de la pandemia, un álbum de fotos donde hemos dejado de envejecer bruscamente, un billete de Iberia anulado y un listado de nombres anotados en una Moleskine. La humanidad continúa confinada presa de sus propios errores, pero los deseos andan sueltos por ahí, peligrosos y libres, como los coyotes por las calles de San Francisco.

El vuelo desde Barajas a Ezeiza se hace eterno, pero si uno lo piensa bien, canjear trece horas y diez minutos por una semana de inmortalidad no es demasiado. A finales de abril, la ciudad te recibe en un otoño luminoso y con chubascos, espejo inverso de la primavera española abandonada al otro lado del océano. ¿Qué importa lo que queda atrás? En el taxi cambias las manecillas del reloj, respiras el olor familiar a océano, fruta y asfalto, y miras caer la noche sobre la ciudad cuando enfilas la avenida Alvear.

Rosas frescas en la habitación cada día, sábanas de lino, toallas bordadas, desayunos en servicio de plata, fiestas en los salones, baños con grifería dorada, una conserjería impecable, una recepción atenta, profesional y distante, y el barman más seductor agitando, no mezclando, mientras te mira a los ojos, un Bloody

Mary perfecto, hacen del Alvear Palace un mundo irreal dentro de ese otro mundo que se derrumba sin remedio al otro lado de sus murallas de *glamur*.

La ciudad se despierta, perezosa, en la tranquilidad de los muertos del cementerio de La Recoleta, que puedo ver enmarcado por los ventanales de La Biela. Este viejo y elegante salón-bar, ubicado en lo alto de una barranca *parquizada* en la esquina de la avenida Quintana y la calle Roberto Marcelino Ortiz, es mi verdadera residencia en la ciudad. Si sus maravillosos camareros de chaqueta blanca y sabiduría epicúrea me permitieran dormir ahí, lo haría gustosa. Aquel lugar es mi cuartel general; mi *Checkpoint Charlie;* mi oficina cuando tengo que trabajar con el portátil; mi biblioteca, si decido leer al sol de la vereda; mi desayuno de café en jarrito con agua gasificada y medialunas de manteca mirando los perros del barrio salir a pasear en manojos elegantes con su paciente cuidador, o mis cenas de sándwich de miga con relleno de *pavita* y palmitos, que devoro arropada por la compañía desconocida de algunas parejas octogenarias, últimos vestigios de aquella alta sociedad bonaerense culta, refinada y europeizante que se apagará definitivamente cuando ellos desaparezcan.

Pero lo que más me gusta de aquel lugar es, sin duda, poder compartir un saludo y alguna sonrisa cómplice con los caballeros que siempre ocupan la mesa de al lado. Seductor por hábito el uno; ciego el otro. Se les nota una complicidad de amistad duradera; de lecturas compartidas; de mutua admiración. Sus silencios son de sabiduría quieta y risa nostálgica. El caballero ciego alza la frente como si contemplase una escena al otro lado del ventanal de cerezo y enseguida retoma la conversación, que casi siempre es un monólogo de bardo orillero que aviva un fuego de estrella en sus ojos vacíos: cielos domesticados en patios de Palermo, la muerte de un hombre en una esquina rosada; el tigre amarillo y las bibliotecas; las runas, las rosas y Milton; el fervor por los laberintos, los espejos, los cuchillos; los calientes reñideros de suburbio; el Dante y su Séptimo Círculo; el ajedrez, los enigmas, y aquella mujer capaz de dolerle en todo el cuerpo.

—*Solo una cosa no hay, querido Bioy; es el olvido.*

No quiero olvidar esta ciudad, que es para mí el amor, aún no el espanto, y por eso esta mañana soleada decido emprender mi propia Odisea guiada por las palabras de aquel Homero de la Recoleta.

Renuncio al fantasma triste de La Múnich, a los paseos por la Plaza Francia y el *Palais de Glace,* al tentador Museo Nacional de Bellas Artes, o mi adorado MALBA; al Patio Bullrich y hasta al Urban Mall de Recoleta y su librería Cúspide, repleta de tesoros, y pongo rumbo al barrio de Palermo, donde todo comenzó. Tan distinto a lo que fuera, hoy Palermo es un lugar recuperado, con tiendas de ropa, bares *chics*, restaurantes de moda y terrazas luminosas con gente joven *mateando* al sol. En la calle Serrano (hoy Borges) esquina Guatemala, Borges funda la mitología de su ciudad, pero de aquella casa donde creció entre libros, daguerrotipos y flores no queda nada; una placa testimonia el lugar. Lo demás se esconde en los poemas.

A pocas cuadras, en la calle Thames 1762 se abre, acogedora, Libros del Pasaje, un paraíso en el que conviven el Palermo Viejo borgiano de casas bajas y rectos portones con el reinventado Palermo Soho, donde la milonga suena en el hilo musical, los libros tapizan las paredes desafiando el olvido y el Fernet con Coca-Cola refresca mi mañana en el patio de atrás. Algunas parejas hojean sus compras a la sombra del muro encalado y yo me entretengo en mi propio ritual de recordar a aquel compadrito bailarín y jugador que firmó su contrato con la muerte no lejos de aquí, en la peligrosa esquina de Thames con Triunvirato.

No hay nada comparable a un sábado en San Telmo. Ni siquiera aquellas mañanas luminosas en la Boca, cuando el barrio todavía hablaba lunfardo, antes de que el turismo lo invadiera domesticando a la tanguista y al cuchillero. Por el contrario, San Telmo mantiene el sabor viejo de Barrio Sur, con sus Malenas vendiendo fruta en el mercado; música de bandoneón en las esquinas y cachivaches apilados en las vidrieras de los anticuarios. La plaza Dorrego a medio día es un bullir de curiosos empujándonos frente a los puestos ambulantes, como atrapados en la letra de un tango de Santos Discépolo; un enorme cambalache al aire libre en el que se mezcla la vida y, con suerte, «*herida por un sable sin remache puedes ves llorar La Biblia junto a un calefón*».

Camino por la cercana calle Defensa buscando la parada de taxis, pero me detengo un momento frente a un elegante palacete. La familia Ezeiza lo construyó a finales del siglo XIX, aunque el tiempo terminó convirtiéndolo en casa de vecinos, o *coventillo*, como lo llaman acá, y hoy es una galería de antigüedades, corazón oculto de San Telmo. Allí, en su azotea, suelo tomar una limonada antes de marchar, pero algo me detiene hoy en el arranque de la herrumbrosa escalera. Al fondo de una sala que da al patio, un hombre apoyado en un bastón juega al ajedrez envuelto en sombras. Salgo de allí con un poema en la punta de la lengua. El recorrido en taxi hasta Puerto Madero dura lo que tardo en reconstruirlo:

> *«Una vez, de mi mano, viste a Borges/ jugando al ajedrez contra un espejo./ Fue al pasear de mañana por los patios/ y almonedas y pecios de San Telmo./ Silbaba quedo un tango compadrito,/ avanzaba un alfil sobre el tablero,/ y un bastón apoyado en sus rodillas delataba la estirpe del reflejo./ El sol añejo y fiel de Buenos Aires/ aún recorta, en los filos del recuerdo,/ con Borges y las piezas blanquinegras/ nuestras sombras, cosidas en el suelo/ a tu asombro, tu risa y mi memoria,/ al azar de los libros y del tiempo».*

No haber conocido el viejo puerto me ahorra la nostalgia. La magnífica reforma de Puerto Madero convirtió aquella parte abandonada, peligrosa y sucia de la ciudad en un lugar de edificios elegantes de cristal y hierro con magníficas parrillas. El taxi para frente a una de las mejores: Cabaña Las Lilas, donde la ensalada de apio, remolacha y huevo duro es una obra maestra, el bife de chorizo un acontecimiento, el Luigi Bosca Malbec un beso profundo, y el dulce de leche uno de esos recuerdos que evocas antes de morir. Soñolienta, la tarde me tienta con volver a las sábanas frescas del hotel o tal vez a la sonrisa del barman, impecable, como sus cócteles. Pero finalmente decido seguir con mi periplo, aunque haré navegación de cabotaje recalando en las más hermosas librerías, cuyo comienzo es el inevitable Ateneo Grand Splendid, ese teatro reconvertido en inmenso paraíso para los lectores, justamente catalogado como una de las librerías más hermosas del mundo; o la librería anticuaria de Victor Aizenman, recóndita y elegante, en un aristocrático piso de la avenida Las Heras, donde gasto mis penúltimos ahorros en una segunda edición en octavo encuadernada en piel de las *Odas* de Horacio, cuyo hilo dorado me llevará, tiempo después, a una aventura de amor, viajes y libros en el extremo sur del Peloponeso. Pero esa es otra historia.

Un lector que se precie no puede dejar de visitar el rosario de populosas librerías abiertas a pie de vereda en la calle Corrientes, donde, casi con seductor paso de tango, me dirijo saboreando el placer del momento, a Los Inmortales. Que Borges me perdone, pero Gardel es el dios de Corrientes, y hay que honrarle sentándose en una de las mesas de este restaurante donde solía cenar *pizza*, ravioles o milanesa con fritas después de salir del teatro San Martín. Los viejos mozos ayudan a reconstruir el puzle del pasado, y si uno se fija, en el fondo de sus espejos desconchados, aún pervive atrapado el reflejo inmortal de aquellos muchachos de ayer.

La calle del adiós es Suipacha 521. Allí está la librería Alberto Casares, uno de los libreros más respetados de la ciudad, desde hace varios años ayudado en el negocio por sus dos hijos, lo cual garantiza, para tranquilidad de los lectores, la continuación de una noble tradición.

En este hermoso lugar, un inolvidable 17 noviembre de 1985, Borges pasó su última tarde porteña antes de partir rumbo a Suiza para librar, como el mismísimo Holmes, el problema final. Salgo de la librería y miro el cielo gris de Buenos Aires, que amenaza tormenta, pero no me importa demasiado porque ya estoy lejos de allí imaginando que, frente al rostro de Moriarty por fin y con el sonido atronador de las cataratas de Reichenbach de fondo, el viejo poeta ciego, como un minotauro cansado, apenas se defendió.

22

Nápoles: Una cerveza en el Averno

Las puertas del Averno se abren en Roma. No dispones de mucho tiempo cuando te has visto obligada a desposarte en el infierno, tal vez por eso los pocos días concedidos resultan dulces, refrescantes y ásperos como el sabor de la primera semilla de granada que te libera. Y la libertad comienza en un avión, a treinta y tres mil pies de altura de cualquier inframundo. El de Fiumicino es un trámite frío que termina en un taxi camino del Gianicolo, el octavo monte de Roma y también el más desconocido. Los viejos bosques de la *Eneida* mantienen el frescor de la ribera derecha del Tíber, y en los atardeceres de verano aún puede oírse, por encima del aleteo orquestal de los estorninos, la voz del rey Evandro mostrando a Eneas las ruinas de Saturnia y el alto *Ianiculum*. Hoy Janículo sigue siendo pasado y presente de la historia de Roma; el monte del dios Jano, de singular arena amarilla, fue elegido para clavar en él la cruz invertida de san Pedro, cuya muerte inspiró dos cercanas arquitecturas: la basílica de San Pedro del Vaticano, a tiro de piedra de allí, y el templete de Bramante, el regalo que los Reyes Católicos ofrecieron a Dios, sin mirarse en gastos, en memoria de su anhelado primer hijo varón, el príncipe Juan, nacido el día de la festividad de San Pedro Apóstol. La vida se lo

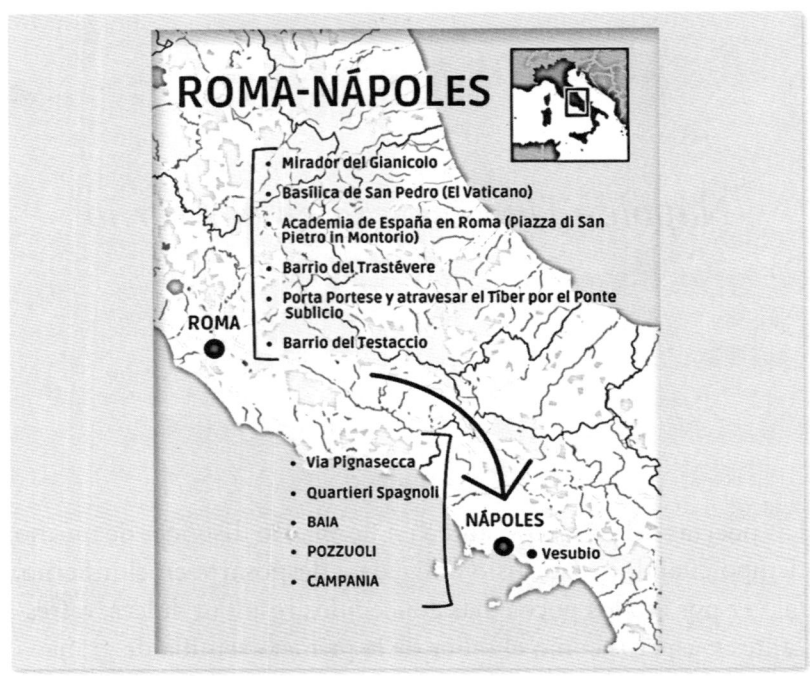

llevaría pronto, pero aquel ejercicio de geometría pagana escondido en un recóndito claustro franciscano estaba destinado a sobrevivir a herederos enfermos, monarcas y reinos.

Cuando abro la ventana de mi celda de la Academia de España en Roma y miro a los turistas que llegan hasta allí no puedo evitar preguntarme si admiran la hermosura, subliman al santo o lamentan al infante; si han llegado a comprender qué significa la eternidad, mientras intentan recuperar el aliento después del endemoniado ascenso al Montorio.

Yo sé muy bien lo que significa. La eternidad es cada maldito segundo que he de permanecer en el Hades lejos de los brazos del héroe. Me tomo la segunda semilla de granada y bajo volando los peldaños que encadenan, como la escala de Jacob, la Academia con el barrio del Trastévere. Como un muestrario de Occidente, aquel barrio de Roma exhibe a precio de ganga su valiosa mercancía histórica que bien merece un paseo antes de que se termine mi tiempo en Roma.

Comienzo por el desconocido santuario sirio, con su diminuta deidad enroscada en una serpiente, hoy escondido en el elegante jardín de Villa Sciarra, que fue *Il Piacere* de D'Annunzio donde, muchos siglos atrás, el pobre Cayo Graco moría, como solo un romano sabe morir, bajo el acero de su fiel esclavo Filócrates. La zona boscosa del Trastévere se fue llenando de huertos y viñedos en época imperial, conocidos como *Hortis Caesaris*, pues el mismísimo César poseía aquí un palacete a orillas del río, donde alojó secretamente a Cleopatra, evitando así las iras de la legítima Calpurnia. La tradición de veraneo y amantes en Trastévere continuó durante el Renacimiento en la cercana Villa Farnesina, ofrecida como regalo para Francesca Ordeaschi, que pasó de cortesana a esposa del poderoso banquero Agostino Chigi, rendida ante aquella especie de templo pagano que divertía a papas y príncipes por igual, fascinados por los frescos de Rafael e ignorando, tal vez, que los sublimes rostros de ninfas y diosas poseían los rasgos de la amante del enfermizo pintor de Urbino: una oronda panadera trasteverina.

Estos contrastes son en el Trastévere una seña de identidad, pues sobre los oscuros *sampietrini* de su suelo conviven en perfecta armonía basílicas paleocristianas, catacumbas, mausoleos garibaldinos, teselas bizantinas y mártires degolladas. Por no hablar de la delicia de sus famosos platos, como las centenarias *Carciofi alla Guidia* del *Da Enzo al 29*, si tienes suerte de encontrar libre una de sus pocas mesas en la estrecha Via del Vascellari, a escasos metros de la casa natal del actor Alberto Sordi, o el bar San Calisto, el antro más trasteverino que se pueda encontrar, donde la vida se detiene efímera y deliciosa, en el helado de vainilla de sus *sgroppinos*.

Pero el hombre que yo busco hoy no está tierra adentro. Camino por el Viale Glorioso hasta Porta Portese y ahí cruzo el río por el

Ponte Sublicio buscando, como los soldados de Jenofonte, el mar. Roma, al igual que Sevilla, es una ciudad marítima, protegidas ambas por un cinturón fluvial que las civiliza y refina frente a la aspereza alborotada y mestiza de las ciudades portuarias. El grito de las gaviotas me orienta hasta el Testaccio. Los robustos edificios de las antiguas carnicerías fueron adaptados como restaurantes y en ellos hoy se come la mejor carne de toda la ciudad. Junto a estos, el magnífico Mercato di Testaccio sigue siendo el lugar perfecto donde descifrar los misterios del Lacio: *guanciale, pecorino, carciofi, puntarelle, tartufo bianco, fiori di zucca, frascati...*

Mastico despacio la tercera semilla de granada saboreando la horas de libertad mientras paseo sobre este «monte de los fragmentos», posando los pies sobre los cincuenta y tres millones de ánforas rotas amontonadas en riguroso orden durante algo más de doscientos años hasta llegar a las puertas de *Angelina,* mi restaurante favorito del Testaccio. Del Tíber sube el bullicio seco de las gaviotas que otean la basura abundante del *rione* como ángeles carroñeros y yo sé que tampoco aquí encontraré a mi hombre. Necesito acercarme aún más al mar.

Arribo a Términi justo a tiempo. La estación de trenes de Roma me recibe con *teatralidad fascista* como dispuesta para un rodaje en Cinecittà. El tren arranca puntual y yo, incapaz de invertir esa hora en nada, miro el paisaje desdibujado a 310 km/hora mientras siento latir el pulso en cada milímetro de piel que añora sus labios.

Allí está, Nápoles por fin. Salgo a la luz cegadora del Mediterráneo recordando sus palabras:

«Mi amor, si no podemos llamarnos, si no puedes encontrarme, espérame en Nápoles. En la Via Pignasecca hay un viejo bar al sol. Siéntate y espérame. La cerveza siempre está fresca allí. La vida fluye en aquella estrecha calle a las puertas de los Quartieri Spagnoli como si el mundo todavía fuese joven y nosotros eternos. Nada podrá impedir que llegue hasta tu cuerpo».

—¿Cuántas semillas te quedan? —me pregunta sonriendo al verme llegar, mientras apura su Peroni.

—Tantas como a Penélope hilo de bordar.

El taxi arranca en dirección a Baia. Miro por la ventanilla el sol que espejea, vibrante, sobre las aguas lejanas del cabo Miseno y me tomo mi penúltima semilla de granada. El calor me humedece los muslos y el héroe calma su sed entre ellos. El conductor mira de reojo por el espejo retrovisor y sonríe. Es imposible escandalizar a un taxista napolitano con tres mil años de historia al volante. Bien sabe él, como nosotros, que esta vieja civilización se ha ido construyendo entre las piernas de las hembras que supieron esperar en la orilla al héroe más valiente o afortunado, dispuestas al trueque milenario de unos días de placer a cambio de la sangre mortal del parto del pequeño bastardo que más tarde empuñará su espada, reclamará algún reino y forjará una estirpe.

Entre los retazos de lucidez que me permite aquel hombre durante el delicioso trayecto por los campos ardientes de Pozzuoli, recuerdo mi propio pasado: la hermosa Sicilia, a pocas millas de nuestro taxi; las aguas del lago Pergusa, escondido en medio de la isla, un lugar desolado donde ni los sicilianos se acercan.

«Si alguna vez, mi amor, me dejaras enseñarte Sicilia, te llevaría a Pergusa, a los pies del volcán Etna, donde Plutón me raptó. Sus aguas, a pesar de estar a decenas de kilómetros del mar, son misteriosamente salobres, como la fuente de la que acabas de beber y, a diferencia del Averno y tus ojos, aquellas no son verdosas, sino de un rojo oscuro, como la sangre de la menstruación. Dicen que es por causa de un copépodo que habita en colonias numerosísimas bajo sus plantas acuáticas; un pequeño "camarón" que, para defenderse de los rayos del sol del verano, se tiñe con un pigmento rojo que luego se transfiere al agua a través de las bacterias que viven en ella y que transforman el espejo del lago en una especie de orujo espeso de color mosto. Pero, mira, ya hemos llegado al lago de Virgilio».

El taxi para en una curva desierta y bajamos, deslumbrados y exhaustos de sexo, a mirar de cerca la entrada al inframundo. Las puertas del paraíso se cierran para nosotros en Campania, a menos de una hora al sur de Nápoles, donde tenemos que decirnos adiós. No nos queda mucho tiempo; a mí se me acaban las semillas de granada y a él la paciencia de Penélope, que ya empieza a cansarse de bordar y mirar para otro lado.

El quiosco de bebidas de Caronte está abierto y nos tomamos la última cerveza que sabe a hierro y calor, como la piel bronceada del héroe que he besado durante cuarenta kilómetros de norte a sur. Los siglos han hecho estragos en aquel paisaje. Los campos de lava se han solidificado y en ellos crece la vid y el turismo; el mar ha engullido el gran puerto militar de Agripa y multitud de pájaros sobrevuelan majestuosos sobre el agua del cráter sin mostrar ningún tipo de respeto por el sombrío significado del nombre Averno: «sin aves».

Mientras trago la última semilla veo alejarse el taxi. Pienso en las lágrimas que derramó mi pobre madre, Deméter, sobre Trapani convirtiendo aquella ciudad siciliana en la mayor productora de sal del Mediterráneo homérico. Las mías son igual de abundantes, pero estériles, me temo.

«—Mi nombre es Perséfone, "la que lleva la muerte". No me olvides, guerrero. Te estaré esperando al otro lado, si es que eres capaz de recordar el camino del Hades.

—Mi nombre es Ulises, el que siempre regresa, y desde hace años, y para siempre, mi paraíso es tu infierno».

23

Copenhague: Sirenas y Panzer

Uno de los cisnes de fibra de vidrio que flotaban sobre el lago se alejó del pantalán con el nudo del cabo que lo sujetaba a tierra deshecho por el oleaje. Se bamboleaba en su rigidez de plástico con los asientos húmedos y ahora vacíos de turistas, un tanto desvalido, como si se hubiera escapado del cuento de Andersen. Siguiendo la antología del escritor, el cielo radiante de la tarde había virado a un azul líquido que se derramaba fiel a una de las más tristes historias de amor nórdico: El soldadito de plomo. Sobre el agua, las gotas de lluvia dibujaban círculos verdes de ojos de sirena, y al otro lado de la ventana del café del pantalán donde me había refugiado del temporal y la melancolía, comenzaban los primeros acordes de la Big Band encargada de inaugurar el Summer Jazz Festival. El vibrante desacuerdo del *standard* pareció disipar las nubes (es increíble el ritmo cambiante de la climatología en el norte veraniego) y el cielo se llenó de color. Hasta los músicos dejaron de improvisar, admirados por aquel arco perfecto de gotas de sol; y yo misma, aunque me pesara, tuve que reconocer que por un momento olvidaba mi añorado Mediterráneo barajando otras posibilidades de belleza báltica:

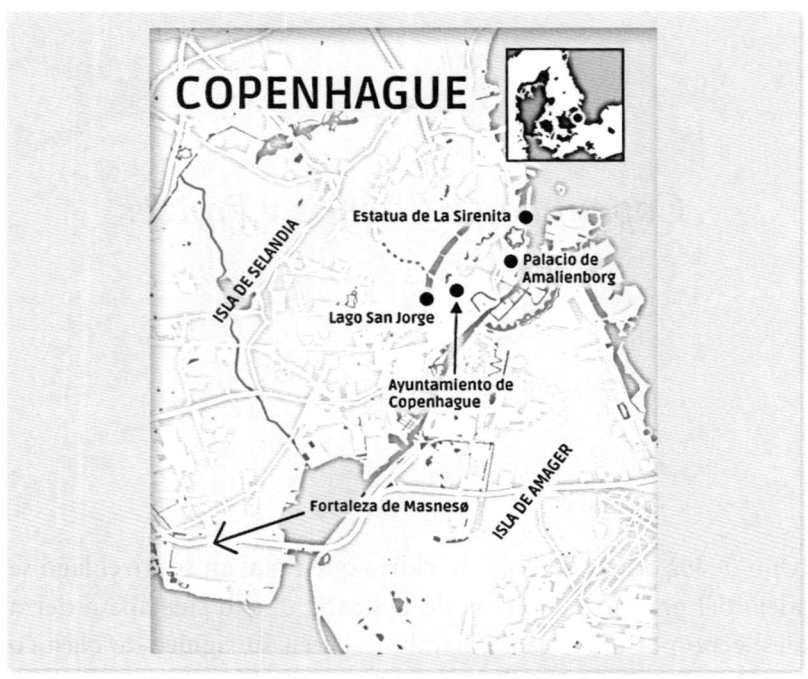

¿Qué es más hermoso: el arcoíris sobre los lagos, una lámpara Poulsen PH5 o un *standard* de *jazz* sobre el lago San Jorge?... Persistiendo en la duda miraba fuera, hacia el paisaje húmedo de un verano que se abría a los recuerdos. ¿Qué es más hermoso: el verdegrís de los abrigos nazis o el desfile metálico de los tanques Panzer entrando en Copenhague? La neutralidad de Dinamarca durante los primeros años de la Segunda Guerra Mundial era una utopía; el guisante de la princesa de Andersen bajo cuarenta colchones de trincheras, sangre y muertes. La esperanza de los daneses residía en el recuerdo: la exitosa política de neutralidad durante la Gran Guerra los animaba a mirar desde la distancia del balcón frío de sus costas el conflicto mundial. Pero eso no podía durar, y no duró: la captura de un barco alemán por parte de los ingleses en aguas noruegas llevó a Hitler a la conclusión de que Reino Unido no respetaría la neutralidad del país nórdico, y decidió ocuparlo. La sed de estrategias del Führer implicaba también la ocupación de Dinamarca, que era el puente perfecto hacia las tierras heladas del norte ricas en metal, elemento mucho más preciado que el pan en tiempos de guerra, además de ser un improvisado campo de lanzamiento aéreo.

Sobre el mapa de Europa, el guante negro del general Nikolaus von Falkenhorst trazaba líneas rectas muy cortas entre un país y el otro. Los alemanes necesitaban tierras, agua, hierro y más cielo para poder ganar la guerra, al menos para frenar el impulso de los ingleses; por eso el general se inclinaba sobre el mapa de Dinamarca señalando un cerco insalvable: los paracaidistas tomarían la fortaleza de Masnesø y un puente cercano, y se ocuparía de forma simultánea la ciudad de Copenhague, las islas del sur y, por supuesto, Selandia. El día anterior yo había estado allí, en Selandia, esa isla enorme sacada de un cuento de hadas flotando entre costas recortadas, que durante la Edad Media fue lugar predilecto de nobles, rico coto de caza de la Corona. De hecho, no resulta difícil imaginar allí al príncipe Hamlet vagando por entre sus colinas morrénicas, ni a la pobre Ofelia flotando entre los fiordos de Roskilde.

Uno puede, con ciertos toques literarios, atisbar su perfil húmedo desde la capital, pues Copenhague se halla ubicada entre islas; en la costa este de Selandia y, parcialmente, en la isla de Amager. Como siempre, la mitología lo explica todo: tal como relata la historia de Gylfaginning, la culpable de esta doble naturaleza fue la diosa Gefjun, que enamoró y engañó al rey de Suecia. La diosa, en vez de cortarle el cuello, arrancarle la corona o arrebatarle su reino, anhelaba un pedazo de tierra sueca que, tras robarla, transportó a Dinamarca, creando así la isla de Selandia. El área entre ambas regiones se llenó de agua y se convirtió en Mälaren. Estos nombres mitológicos y su etimología obsesionaron durante siglos a lectores y estudiosos, de Shakespeare a Borges. De hecho, el incierto origen de Sesland confronta imágenes en sus viejas raíces léxicas: desde «alma» hasta «lago», pasando por «foca» o «fiordo». Yo sigo prefiriendo el que le dan los marinos daneses: «Isla del diablo».

Y bien que supieron, años después, lo que significaba exactamente el infierno y sus pesadillas, que en esa batalla mundial tenían piel de metal y un solo ojo de fuego: aquella madrugada, treinta y seis Panzer atravesarían de sur a norte la costa este de Jutlandia mientras el dedo enguantado del general alemán ya daba la guerra por ganada. «Otros cuerpos se adentrarán de forma paralela por la costa norte para asistir a los paracaidistas que estarán ocupando los aeródromos. Como apoyo, avanzarán unos setenta Panzer más, varios batallones de ametralladoras, artillería pesada y baterías antiaéreas, además de tres trenes blindados». Satisfecho, el general se apartó de la mesa y miró por la ventana exactamente igual que yo miraba la lluvia desde el café del lago: «La Luftwaffe nos proporcionará diez escuadrones de cazas y diez de bombarderos», afirmaba poderoso y frío, como una reina de las nieves de Andersen.

Había dejado de llover por fin, y un rayo de sol calmado abrió un fragmento de verano colándose en la tarde. Aproveché para reanudar mi paseo por la ciudad sin poder olvidar aquella madrugada y aquel otro cielo nublado por el hierro de más de medio millar de aparatos de guerra. El taxi me dejó cerca del mar. Caminé un rato hasta que di con lo que había venido a buscar: una de las imágenes de mi infancia, aquella historia triste de amor. La sirenita miraba el horizonte verdoso dándole la espalda a la media docena de turistas que hacía malabarismos para no resbalar con el musgo de las rocas tratando de encuadrar los selfis. Arrodillada ante su propio destino, la criatura permanecía ajena al dispositivo de seguridad, al caos de tráfico originado por autobuses turísticos alineados junto a la autopista y a los paraguas que se abrían y cerraban, puntiagudos e intermitentes, por todas partes. Me gustaba mucho aquel tiempo en el que el sacrificio del amor era un magnífico tema infantil: escribir sobre la crueldad de tener que elegir entre las piernas o la voz; ente el mar embravecido o el oleaje de las sábanas revueltas, entre el hombre que amas o la soledad. Eran cuentos terriblemente humanos alimentados de mitología, realidad y pena, o sea, de vida en estado puro, y supusieron un verdadero regalo de sabiduría para niños, maestros y padres durante varias generaciones. Pobre destino sin voz, como una sirenita sin futuro, el que les espera a esos cuentos hoy en día.

Me acerco por fin a la estatua y aprovecho mi turno de treinta segundos para dar las gracias al abuelo Andersen por tanto como nos ha dado. Incluso puedo ver en la historia de *La sirenita* el hechizo roto de un encantamiento o una maldición (que es para lo que sirve la literatura): Andersen, niño pobre, enfermizo, sensible y muy imaginativo, creció en el deseo de ser escritor; pero, sobre todo, de convertirse en un destacado cantante de ópera. La suerte lo acompañó un trecho en el camino de este empeño, y hasta el mismísimo rey de Dinamarca le becó los estudios. Pero el frío de las buhardillas y la mala alimentación lo hicieron enfermar. Por suerte, no murió helado en una esquina como la cerillera de su cuento; aunque, cuando pasaron las brumas de la fiebre, el muchacho descubrió que había perdido definitivamente la voz. *La sirenita* nació quizás en esas semanas de tristeza, pienso mientras me despido de la escultura sorteando la fila de gente que espera en desorden bajo la lluvia para hacerse una foto. Me hubiera gustado preguntarles qué sabían ellos de voces silenciadas, amores y cuentos. Me hubiera gustado gritarles qué hacían allí.

Un taxista amabilísimo se apiadó de mi aspecto de Pulgarcita perdida en el bosque y me llevó de regreso al hotel. Nunca debe uno perder la fe en la humanidad; tan solo moverse en una saludable incertidumbre.

Los ojos de bronce de la sirenita que divisaron la nave de su amado afortunadamente nunca contemplaron aquel otro barco, el Hansestadt Danzig, encargado de desembarcar en Copenhague un batallón del 308.º Regimiento de Infantería de la Wehrmacht. Ayudados por la sorpresa, los alemanes tomaron diversos puntos de la ciudad sin apenas encontrar resistencia, centrando sus esfuerzos en capturar la residencia del rey Cristián X. En Dinamarca las fronteras están hechas de cielo y de agua, y el rey lo sabía mejor que nadie. Aquella madrugada el silencio de los consejeros de palacio, que apenas sabían qué hacer, contrastaba con el ruido ensordecedor de los bombarderos alemanes, que ya habían llegado a la ciudad y daban vueltas sobre la misma, intimando a los daneses a rendirse.

Tácticamente, la operación Weserübung fue irreprochable, y durante la larga primavera del 40 los alemanes brindaron con vino del Weser sus muchas victorias. Pienso en el cerco de Copenhague y no puedo dejar de verlo, acolchado por los años, como un cuento triste de Andersen. Al final, los muertos descansan en sus tumbas para que las fronteras y los cuentos cobren sentido. Me marcho de Copenhague con los últimos compases del cuarteto de *jazz* del lago. Dicen que el rey Cristián, aquella madrugada, elevó la voz por encima de los tanques y los bombarderos y la guerra para decir con firmeza: «Hay una providencia especial en la caída de un gorrión». Por aquel entonces, en el Palacio de Amalienborg todavía se leía a Shakespeare.

24

El problema final: Un Londres de novela

Cuando Arthur Conan Doyle se vio superado por el éxito de su personaje, Sherlock Holmes, decidió matarlo. Tal vez su formación científica, su experiencia como cirujano en un ballenero o esa frialdad que debe desarrollar todo médico para intervenir en la vida humana siguiendo su criterio influyeron en esta decisión. El caso es que una noche silenciosa, echado sobre el escritorio de roble, *sir* Arthur dictó una sentencia de muerte. La suerte estaba echada: en una cruenta batalla final con su archienemigo, Moriarty, Holmes se hundiría en algún lugar demasiado profundo como para regresar. Tenía que ser una escena memorable y a la vez definitiva, para que ni el propio autor pudiese caer en la tentación de recuperarlo. Se levantó del escritorio y miró, concentrado, su biblioteca. Sacó uno de los volúmenes del Diccionario Geográfico y pasó distraído las páginas. Ummm. Sí. El agua parece un buen lugar para desaparecer; ya lo decía el abuelo Homero: *Eni ponto oletos*, «se perdió en el mar». Es seguro y literario. Bien. Ahora venía la parte más importante, lo que realmente supone para un escritor el problema final: ¿se decantaría por lo local, es decir, por las turbulentas aguas del Támesis o bien por algo más exótico como, por ejemplo, el río Ganges? ¿Un glamuroso crucero por el

Pacífico, un trasatlántico rumbo a América, una tempestad en el Cabo de Hornos, un temporal inesperado cerca de Corfú? Las posibilidades eran infinitas. Finalmente, en un grabado antiguo encontró la respuesta: Sherlock Holmes desaparecería tras la cortina turbulenta de las cataratas de Reichenbach un frío diciembre de 1893. La historia que siguió después ya la conoce el lector: Holmes volvió a la vida y Conan Doyle se fue perdiendo en las brumas de los fantasmas. Ciento treinta años después, un escritor español, Arturo Pérez-Reverte, publica una novela titulada, precisamente, *El problema final*, donde hace regresar a Sherlock Holmes, una vez más, de entre los muertos. La novela revertiana requería que unos cuantos privilegiados, entre los cuales me contaba, emprendiésemos un viaje a aquel Londres literario. Bienvenido sea el lector que quiera acompañarnos.

Los periodistas nos alojábamos en el White House Hotel, un lugar de apariencia moderna en la orilla de Regent Park. Los pasillos de colores pastel lucían una moqueta tan interminable como la espera a la que nos obligaban sus ascensores inteligentes sin botón, porque ya no hay botón, solo una tableta incrustada en la pared con una numeración binaria y muchas dudas por parte de los huéspedes. Madrugar estaba incluido en el *tour*, así que todos madrugamos para reunirnos en el desayuno: huevos revueltos, *beans*, tomates asados, salchichas y beicon. Un robot muy parecido a EVA, la novia de Wall-E, me sale al encuentro, rodando sobre la moqueta impoluta, imagino que haciendo las funciones de un Roomba, pero más avanzado. Yo parpadeo, incrédula: voy al Londres holmesiano y me topo con la Francia de Jacques Tati.

Luego supimos que el White House Hotel había sido la sede de reuniones intelectuales y que la iglesia (hoy desacralizada) de al lado fue durante un tiempo almacén de los libros de la mítica editorial Penguin Random House. Esa iglesia neogótica vacía, misteriosa hasta cierto punto, me recordaba a la película *El hombre que sabía demasiado*. Y el Londres de Hitchcock siempre me interesó: desierto, casi desolado, con taxidermistas y niños secuestrados en la sacristía; la voz rubia de Doris Day cantando, desesperada, «Che será, será» y un magnífico Bernard Miles haciendo de malvado sacerdote. Por cierto que, bajo ese mismo título (azares y confluencias creadoras), G. K. Chesterton había escrito treinta años antes una historia de espionaje y asesinatos, hoy inexplicablemente desconocida, en la que una magnífica pareja compuesta por Home Fisher —una suerte de Holmes— y un joven periodista político llamado Harold March se ven envueltos en varias tramas de crímenes, robos de reliquias, operaciones secretas y un mítico ladrón.

Muy cerca del hotel y la iglesia, en el barrio de Marylebone, se encuentra uno de mis refugios recurrentes en la ciudad, Daunt Books, una librería eduardiana con magníficos tragaluces y estanterías de roble, perfecta para quienes padecen, como yo, una grave adicción a los viajes literarios. Sin salir del barrio, cenamos la primera noche en un *pub* un menú inevitable: pastel de riñones y pudin de guisantes. Esos dos platos siempre me recordarán a la serie Miss Marple, interpretada magníficamente por Joan Hickson. Es fascinante que la comida pueda ser en ocasiones una vía directa de conexión con las cosas. Mientras mastico aquella delicia pienso en cómo un pueblecito perdido de la campiña inglesa, Saint Mary Mead, dio para tanto misterio. Pero esa era la grandeza de Agatha Christie, supongo.

Me gusta ir apuntando los nombres de los *pubs* cuando paseo por Londres. Se supone que les ponían esos nombres para que la gente los recordara y volviese —una forma de *marketing* en el país de los inventores del *marketing*—. Cuando se pasó de la imagen colgada en las puertas de los locales a los rótulos escritos, aquellos nombres singulares, casi sinestésicos y muy gráficos se transformaron en la identidad incuestionable de todo lo inglés. Hay algunos *pubs* que siguen siendo lugares míticos y concurridos, sobre todo en el barrio del Soho, como Shakespeare's Head («la cabeza de Shakespeare»), Coach and Horses («el cochero y los caballos») o el mítico Glassblower («el soplador de vidrio»).

Pero hay muchos más. De hecho, para esta viajera, leer en esos lugares es un placer casi comparable a visitar librerías o pasear tranquila entre los retratos de la National Gallery. Quizás mis preferidos sean The Prospect of Whitby, que se alza con el título de ser el *pub* más antiguo a orillas del río Támesis y primera posada que se construyó en ese lugar, el barrio de Wapping, hacia 1520. Las baldosas que cubren su suelo son, con toda probabilidad, las originales —por eso a la fetichista que hay en mí le gusta tanto pisarlas—, aquellas sobre las que, entre otras cosas, caminaba el célebre diarista londinense Samuel Pepys, que solía escribir y trajinar jarras de cerveza en él. En esa época, los contrabandistas y piratas —por no mencionar las peleas de gallos y las de sus propios clientes— le otorgaron una no muy buena reputación al local, que llegó a conocerse como «la taberna del diablo».

Hablando del diablo, el otro lugar recurrente y no menos literario, aunque con una carga de morbosidad inevitable, es el *pub* The Ten Bells, que, junto con el fantasmagórico campanario de Christ Church, es uno de los puntos de referencia más populares de la zona de Spitalfields, en el este de la ciudad. La relación entre ambos edificios es de lo más peculiar. En un principio, la iglesia contaba con un total de ocho campanas y los registros del siglo XVIII mencionan una cervecería llamada Eight Bells (es decir, «ocho campanas») en la cercana calle de Red Lion. En 1788, el número de campanas de la iglesia alcanzó la decena. El nombre del *pub* se modificó para ajustarse a este cambio, pero por entonces la dirección ya no era aquella, sino otra, en la conocida Commercial Street. Más adelante, los horribles asesinatos de Mary Kelly y Annie Chapman, clientes frecuentes del local, convirtieron el Ten Bells en una de las paradas obligadas en los itinerarios sobre Jack el Destripador. Los mosaicos que adornan sus paredes son obras victorianas restauradas y reflejan la belleza de esa época incrustada en el horror de la memoria. Quizás la figura de Jack el Destripador —junto con la de Sherlock Holmes— haya sido el recurso libresco más recurrente en la creación de una identidad londinense, dándose el caso de que el personaje literario de Holmes pasó a ser humano, y el humano —o inhumano, vista su fiereza cruel— de Jack alimentó dos siglos de relatos. Uno de los más notables es *The Lodger*, una novela escrita por Marie Belloc Lowndes gracias a la cual algunos lectores creemos que ocupa un lugar sagrado en el Olimpo de las mentes criminales de la literatura, junto a su paisana Agatha Christie. Es más, gracias a este libro el cine cabalgó sobre el crimen del Destripador sin apenas descanso: *Al borde de la locura*, con un desquiciado Anthony Perkins; *The Lodger*, dirigida por Ondaatje; *El hombre del ático*, con Jack Palance; *Desde el infierno*, con un polifacético

Johnny Deep dirigido por los hermanos Hughes; *El inquilino*, de Hitchcock; y una de mis favoritas: *Muerte por decreto*, con un tremendo Christopher Plummer dirigido por Bob Clark, que es, desde mi punto de vista, de las mejores interpretaciones de Holmes desde los días de Basil Rathbone.

Como no podía ser de otra manera, a la mañana siguiente los periodistas teníamos programada una visita con una guía profesional que nos dio un paseo no solo holmesiano, sino también conandolyano. A este autor le pasa como a Fitzgerald con Gatsby o a Cervantes con don Quijote: uno nunca sabe dónde empieza la vida del escritor y termina la del protagonista, y viceversa. Y algo queda entre todo el juego de calles victorianas por donde nos movimos, fascinados, bajo ese extraño sol de septiembre que elevaba la temperatura hasta unos inverosímiles treinta grados centígrados. Está, por ejemplo, el lugar donde firmaron su contrato Conan Doyle y Oscar Wilde. De aquella noche libresca en el Hotel Langham (en cuyo bar se sirven los mejores Bloody Marys de la ciudad, según dicen) saldrían dos libros que cambiarían la historia de la literatura.

Fue más o menos así:

En agosto de 1889, Joseph Marshall Stoddart, editor de la revista mensual americana *Lippincott*, llegó a Londres para organizar una edición británica de su famosa publicación e invitó a una cena en el elegante Langham Hotel a Doyle y a Wilde, dos de los más afamados escritores del momento, con quienes esperaba contar en el siguiente número. Estos hombres nunca se habían visto antes y, a pesar de que tenían caracteres muy distintos — Doyle era médico, escéptico, brabucón y boxeador; Wilde, un dandi lánguido y esnob—, la conversación entre ambos fue bastante fluida. Todo esto lo sabemos porque en su autobiografía, *Memorias y aventuras*, Doyle recordó aquella velada como una noche dorada: «Debo añadir que nunca en la conversación con Wilde observé un rastro de tosquedad de pensamiento», afirmaba. Al final de la cena, Stoddart logró el compromiso de ambos autores de entregar un relato no demasiado extenso, inédito, para *Lippincott*. Wilde escribió *El retrato de Dorian Gray*, su única novela, mientras que Doyle compuso *El signo de los cuatro*, la segunda aventura de Sherlock Holmes, donde, por cierto, uno de los personajes, Thaddeus Sholto, resulta una más que evidente caricatura de Wilde, afeminado y decadente, descrito como «el campeón del escepticismo». Este hotel, inaugurado en 1865, sigue siendo un icono del lujo y hasta el mismísimo Doyle cayó rendido a su glamur, citándolo en tres aventuras: *Un escándalo en Bohemia*, El signo de los cuatro (por supuesto) y *La desaparición de Lady Frances Carfax*.

En la visita por este Londres literario pasamos inevitablemente por la casa de Conan Doyle, quien, sin embargo, vivió pocos años en la ciudad, razón por la cual algunos lo acusaron de no conocerla demasiado bien, cambiar nombres de calles e inventarse otros tantos, a lo que el escritor escocés respondía tranquilo que, efectivamente, él no conocía realmente Londres, «pero Sherlock Holmes sí». De hecho, mientras la casa del autor es prácticamente desconocida, la de su personaje sigue siendo hoy uno de los lugares más visitados de Europa: el 221b de Baker Street es la meca de turistas, curiosos y holmesianos, y hasta allí nos fuimos con Pérez-Reverte, que nos esperó comprando en la magnífica tienda victoriana de *souvenirs* literarios la pluma de Holmes y unos calcetines bordados con el perro de los Baskerville. Después tomamos un oscuro y clásico taxi *hansom* (herencia motorizada de los victorianos *hansom cabs* o cabriolés urbanos), que nos llevó a través del tumultuoso tráfico londinense hasta el corazón mismo de la elegancia: las galerías de Burlington y Piccadilly Arcade. Estas comunican a través de New Bond Street con otro hotel sherlockiano, escenario de la aventura de *El carbunclo azul*, y desembocan en Jermyn Street, calle literaria donde las haya, pero también cinematográfica: en su número 89 se abre Floris, la perfumería con más glamur del mundo. Allí fabrican todavía las colonias que usaban Ian Flemming, Churchill o *lady* Nelson. Desde allí, en un breve paseo hasta el 9 de St. James's Street, alcanzamos el escaparate de los zapatos John Lobb, la elegancia de la pisada hecha a medida, y muy cerca de estos, la sastrería Turnbull & Asser, fabricantes de las camisas del gran Gatsby. Me gusta más esta recoleta calle victoriana donde vivieron Beau Brummell y Newton, que la más conocida Savile Row.

El recorrido de nuestros días literarios terminó con un almuerzo en Covent Garden —que es para mí, desde que vi *Frenesí* de Hitchcock, el moderno White Chapel—. Después, el grupo de periodistas se dispersó con abrazos y prisas por escribir sus crónicas y yo invertí la última tarde en hacer unos recados fetichistas, como buscar el anticuario donde Holmes se compró el Stradivarius. Por desgracia, no encontré nada. Una enorme tienda de videojuegos ha ocupado su lugar, en el 243 Tottenham Court Rd. Unos números más arriba, y como para compensar la ausencia, sigue en pie la glamurosa tienda de paraguas James Smith & Sons Ltd., en el 53 New Oxford St., pero no me compré ninguno porque no llovía en Londres, que es realmente lo reseñable de este viaje.

La última cena de este singular problema final la pasé en soledad: quería despedirme de Londres siendo fiel al canon sherlockiano, por eso me fui directa al Sherlock Holmes Pub, cerca de Strand, esa calle en Westminster de poco más de mil doscientos metros de longitud que actualmente discurre entre Trafalgar Square y Temple Bar, punto limítrofe de Westminster con la City. Allí la notable calle Strand se une con otro interesante lugar: Fleet Street, la calle de los periódicos más famosos del mundo. En ella, el periodista sevillano Chaves Nogales se refugió del frío y el horror de la guerra civil, pero a su manera siguió peleando en el campo de batalla del periodismo, fundando una agencia de noticias para contrarrestar la propaganda nazi. Murió un año antes de que acabara la contienda y hoy descansa en el cementerio de Fulham (North Sheen), donde la lluvia extrañamente ausente en este viaje cae con regularidad sobre su tumba sin lápida, pero siempre con flores, recordando con su redoble suave como de máquina de escribir acuática que, de alguna manera, aquel muchacho ganó su lucha personal contra la injusticia y el olvido. Y la sigue ganado.

Me despido de los muertos y los vivos, del papel y la carne, enseñando varias veces mi pasaporte sellado en el aeropuerto de la capital de un imperio que antes fue Europa y ahora es algo extraño en este mundo de fronteras incomprensibles.

CONCLUYÓ LA EDICIÓN DE ESTE LIBRO A CARGO DE BERENICE EL 29 DE ABRIL DE 2024. TAL DÍA DE 1980 FALLECE EN LOS ÁNGELES ALFRED JOSEPH HITCHCOCK, DIRECTOR, PRODUCTOR Y GUIONISTA BRITÁNICO QUE DIO AL CINE ALGUNAS DE SUS OBRAS MAESTRAS MÁS IMPERECEDERAS, COMO *VÉRTIGO, LA VENTANA INDISCRETA* O *CON LA MUERTE EN LOS TALONES*.